# Der Anti-Stress-Trainer für Musiker

Joe Orszulik

# Der Anti-Stress-Trainer für Musiker

## Den richtigen Rhythmus finden

 Springer Gabler

Joe Orszulik
Esslingen, Deutschland

ISBN 978-3-658-15994-8     ISBN 978-3-658-15995-5     (eBook)
DOI 10.1007/978-3-658-15995-5

Die Deutsche Nationalbibliothek verzeichnet diese Publikation in der Deutschen Nationalbibliografie; detaillierte bibliografische Daten sind im Internet über http://dnb.d-nb.de abrufbar.

Lektorat: Annika Hoischen

Gedruckt auf säurefreiem und chlorfrei gebleichtem Papier

Springer Gabler ist Teil von Springer Nature
Die eingetragene Gesellschaft ist Springer Fachmedien Wiesbaden GmbH
Die Anschrift der Gesellschaft ist: Abraham-Lincoln-Str. 46, 65189 Wiesbaden, Germany

# Inhaltsverzeichnis

# Über den Autor

**Joe Orszulik,** Jahrgang 1970, verheiratet und Vater zweier Kinder, ist heute erfolgreich tätig als Hypnotiseur, Hypnose-Ausbilder, Gedanken- und Ideen-Schenker, Berater, Coach und Mentor.

Nach seinem Abitur, der darauffolgenden Ausbildung zum Bankkaufmann und dem anschließenden Zivildienst hat sich Joe Orszulik 1996 dazu entschieden, ausschließlich für seine damalige Leidenschaft zu leben: für die Musik. Seine vermeintlich sichere Anstellung bei der Bank gab er auf, um seine eigene, private Musikschule Orszulik-MUSIK zu gründen sowie mit verschiedensten Formationen als Sänger und Gitarrist während den darauffolgenden 20 Jahren auf unzähligen größeren und kleineren Bühnen zu stehen. Mit der Unterstützung seiner Frau Carola Orszulik - Unternehmerin, Autorin und Rednerin - entwickelte er OrszulikMUSIK bis ins Jahr 2016 zu einem sehr lukrativen Geschäft.

Im Jahr 2012 gründete Joe Orszulik gemeinsam mit einem Partner zusätzlich zur Musikschule noch eine Modell-Flugschule, da auch diese Tätigkeit ihn zu diesem Zeitpunkt mit Leidenschaft erfüllte.

Das Leben im Vollgas-Modus hatte seinen Preis. Joe Orszulik beschäftigte sich zwar offensichtlich immer mit den Dingen, die ihn erfüllten, doch hatte er eine aus seiner eigenen, heutigen Sicht, entscheidende Sache dabei gänzlich außer Acht gelassen: er nahm sich niemals Zeit für sich selbst und dafür, zur Ruhe zu kommen. Er kümmerte sich nicht um seine innere Entwicklung und um die Aufarbeitung alter seelischer Wunden. Um sich damit nicht beschäftigen zu müssen, lief er, wie er heute sagt, jahrelang vor sich selber weg und flüchtete in die Arbeit. Der Alltag war geprägt von Zeitdruck, Hektik und Stress. Das machte er so lange, bis es gesundheitlich, psychisch und physisch, einfach so nicht mehr weiterging. Er machte sich dann, nach seinen eigenen Worten, auf zur spannendsten Reise seines Lebens: er trat die Reise zu sich selbst an. Tiefgreifende Selbsterfahrung, intensive therapeutische Arbeit, die Ausbildung zum Hypnotiseur und zum NLP-Master sowie eine Ausbildung in humanistischer Psychotherapie waren die Grundlagen für und während dieser heilsamen Reise. Seine Musikschule sowie auch die Modell-Flugschule hat Joe Orszulik inzwischen losgelassen und aufgelöst.

Heute sagt Joe Orszulik über sich selbst: „Ich bin glücklich, ausgeglichen und zufrieden wie noch niemals zuvor in meinem Leben. Ich bin dankbar für meine Frau und für meine beiden Kinder. Ich bin dankbar für alles, was ich in meinem Leben erfahren und erlebt habe. Ich fühle mich jeden Tag im Einklang mit mir selbst. Ich kann von mir behaupten, dass ich durch die Arbeit und die Prozesse der letzten Jahre zu mir gefunden habe – zu dem Menschen, der ich wirklich bin. Und diesen Menschen liebe ich."

# 1

# Kleine Stresskunde: Das Adrenalinzeitalter

Peter Buchenau

## Das Konzept der Reihe

Möglicherweise kennen Sie bereits meinen Anti-Stress-Trainer (Buchenau 2014). Das vorliegende Kapitel greift darauf zurück, weil das Konzept der neuen Anti-Stress-Trainer-Reihe die Tipps, Herausforderungen und Ideen aus meinem Buch mit den jeweiligen Anforderungen der unterschiedlichen Berufsgruppen verbindet. Die Autoren, die jeweils aus Ihrem Jobprofil kommen, schneiden diese Inhalte dann für Sie zu. Viel Erfolg und passen Sie auf sich auf.

Leben auf der Überholspur: Sie leben unter der Diktatur des Adrenalins. Sie suchen immer den neuen Kick, und das nicht nur im beruflichen Umfeld. Selbst in der Freizeit, die Ihnen eigentlich Ruhephasen vom Alltagsstress bringen sollte, kommen Sie nicht zur Ruhe. Mehr als 41 % aller Beschäftigten geben bereits heute an, sich in der Freizeit nicht mehr erholen zu können. Tendenz steigend. Wen wundert es?

© Springer Fachmedien Wiesbaden GmbH 2017
J. Orszulik, *Der Anti-Stress-Trainer für Musiker,*
DOI 10.1007/978-3-658-15995-5_1

Anstatt sich mit Power-Napping (Kurzschlaf) oder Extrem-Coaching (Gemütlichmachen) in der Freizeit Ruhe und Entspannung zu gönnen, macht die Gesellschaft vermehrt Extremsportarten wie Fallschirmspringen, Paragliding, Extremclimbing oder Marathon zu ihren Hobbys. Jugendliche ergeben sich dem Komasaufen, der Einnahme von verschiedensten Partydrogen oder verunstalten ihr Äußeres massiv durch Tattoos und Piercing. Sie hasten nicht nur mehr und mehr atemlos durchs Tempoland Freizeit, sondern auch durch das Geschäftsleben. Ständige Erreichbarkeit heißt die Lebenslösung. Digitalisierung und mobile virtuelle Kommunikation über die halbe Weltkugel bestimmen das Leben. Wer heute seine E-Mails nicht überall online checken kann, wer heute nicht auf Facebook, Instagram & Co. ist, ist out oder schlimmer noch, der existiert nicht.

Klar, die Anforderungen im Beruf werden immer komplexer. Die Zeit überholt uns, engt uns ein, bestimmt unseren Tagesablauf. Viel Arbeit, ein Meeting jagt das nächste, und ständig klingelt das Smartphone. Multitasking ist angesagt, und wir wollen so viele Tätigkeiten wie möglich gleichzeitig erledigen.

Schauen Sie sich doch mal in Ihren Meetings um. Wie viele Angestellte in Unternehmen beantworten in solchen Treffen gleichzeitig ihre E-Mails oder schreiben WhatsApp-Nachrichten? Kein Wunder, dass diese Mitarbeiter dann nur die Hälfte mitbekommen und Folgemeetings notwendig sind. Ebenfalls kein Wunder, dass das Leben einem davonrennt. Aber wie sagt schon ein altes chinesisches Sprichwort: „Zeit hat nur der, der sich auch Zeit nimmt." Zudem ist es unhöflich, seinem Gesprächspartner nur halb zuzuhören.

Das Gefühl, dass sich alles zum Besseren wendet, wird sich mit dieser Einstellung nicht einstellen. Im Gegenteil: Alles wird noch rasanter und flüchtiger. Müssen Sie dafür Ihre Grundbedürfnisse vergessen? Wurden Sie mit Stress oder Burnout geboren? Nein, sicherlich nicht. Warum müssen Sie sich dann den Stress antun?

Zum Glück gibt es dazu das Adrenalin. Das Superhormon, die Superdroge der High-Speed-Gesellschaft. Bei Chemikern und Biologen auch unter $C_9H_{13}NO_3$ bekannt. Dank Adrenalin schuften Sie wie ein Hamster im Rad. Schneller und schneller und noch schneller. Sogar die Freizeit läuft nicht ohne Adrenalin. Der Stress hat in den letzten Jahren dramatisch zugenommen und somit auch die Adrenalinausschüttung in Ihrem Körper.

Schon komisch: Da produzieren Sie massenhaft Adrenalin und können dieses so schwer erarbeitete Produkt nicht verkaufen. Ja, nicht mal verschenken können Sie es. In welcher Gesellschaft leben Sie denn überhaupt, wenn Sie für ein produziertes Produkt keine Abnehmer finden?

Deshalb die Frage aus betriebswirtschaftlicher Sicht an alle Unternehmer, Führungskräfte und Selbstständigen: Warum produziert Ihr ein Produkt, das Ihr nicht am Markt verkaufen könnt? Wärt Ihr meine Angestellten, würde ich Euch wegen Unproduktivität und Fehleinschätzung des Marktes feuern.

Stress kostet Unternehmen und Privatpersonen viel Geld. Gemäß einer Studie der Europäischen

Beobachtungsstelle für berufsbedingte Risiken (mit Sitz in Bilbao) vom 04.02.2008 leidet jeder vierte EU-Bürger unter arbeitsbedingtem Stress. Im Jahre 2005 seien 22 % der europäischen Arbeitnehmer von Stress betroffen gewesen, ermittelte die Institution. Abgesehen vom menschlichen Leid bedeutet das auch, dass die wirtschaftliche Leistungsfähigkeit der Betroffenen in erheblichem Maße beeinträchtigt ist. Das kostet Unternehmen bares Geld. Schätzungen zufolge betrugen die Kosten, die der Wirtschaft in Verbindung mit arbeitsbedingtem Stress entstehen, 2002 in den damals noch 15 EU-Ländern 20 Mrd. EUR. 2006 schätzte das betriebswirtschaftliche Institut der Fachhochschule Köln diese Zahl alleine in Deutschland auf 80 bis 100 Mrd. EUR.

60 % der Fehltage gehen inzwischen auf Stress zurück. Stress ist mittlerweile das zweithäufigste arbeitsbedingte Gesundheitsproblem. Nicht umsonst hat die Weltgesundheitsorganisation WHO Stress zur größten Gesundheitsgefahr im 21. Jahrhundert erklärt. Viele Verbände wie zum Beispiel der Deutsche Managerverband haben Stress und Burnout auch zu zentralen Themen ihrer Verbandsarbeit erklärt.

## 1.1 Was sind die Ursachen?

Die häufigsten Auslöser für den Stress sind der Studie zufolge unsichere Arbeitsverhältnisse, hoher Termindruck, unflexible und lange Arbeitszeiten, Mobbing und nicht zuletzt die Unvereinbarkeit von Beruf und Familie. Neue

Technologien, Materialien und Arbeitsprozesse bringen der Studie zufolge ebenfalls Risiken mit sich.

Meist Arbeitnehmer, die sich nicht angemessen wertgeschätzt fühlen und auch oft unter- beziehungsweise überfordert sind, leiden unter Dauerstress. Sie haben ein doppelt so hohes Risiko, an einem Herzinfarkt oder einer Depression zu erkranken. Anerkennung und die Perspektive, sich in einem sicheren Arbeitsverhältnis weiterentwickeln zu können, sind in diesem Umfeld viel wichtiger als nur eine angemessene Entlohnung. Diesen Wunsch vermisst man meist in öffentlichen Verwaltungen, in Behörden sowie Großkonzernen. Gewalt und Mobbing sind oft die Folge.

Gerade in Zeiten von Wirtschaftskrisen bauen Unternehmen und Verwaltungen immer mehr Personal ab. Hetze und Mehrarbeit aufgrund von Arbeitsverdichtung sind die Folge. Zieht die Wirtschaft wieder an, werden viele offene Stellen nicht mehr neu besetzt. Das Ergebnis: Viele Arbeitnehmer leisten massive Überstunden. 59 % haben Angst um ihren Job oder ihre Position im Unternehmen, wenn sie diese Mehrarbeit nicht erbringen, so die Studie.

Weiter ist bekannt, dass Druck (also Stress) Gegendruck erzeugt. Druck und Mehrarbeit über einen langen Zeitraum führen somit zu einer Produktivitäts-Senkung. Gemäß einer Schätzung des Kölner Angstforschers Wilfried Panse leisten Mitarbeiter schon lange vor einem Zusammenbruch 20 bis 40 % weniger als gesunde Mitarbeiter.

Wenn Vorgesetzte in diesen Zeiten zudem Ziele schwach oder ungenau formulieren und gleichzeitig Druck ausüben, erhöhen sich die stressbedingten Ausfallzeiten, die dann von den etwas stressresistenteren Mitarbeitern aufgefangen werden müssen. Eine Spirale, die sich immer tiefer in den Abgrund bewegt.

Im Gesundheitsbericht der Deutschen Angestellten Krankenkasse (DAK) steigt die Zahl der psychischen Erkrankungen massiv an und jeder zehnte Fehltag geht auf das Konto stressbedingter Krankheiten. Gemäß einer Studie des DGB bezweifeln 30 % der Beschäftigten, ihr Rentenalter im Beruf zu erreichen. Frühverrentung ist die Folge. Haben Sie sich mal für Ihr Unternehmen gefragt, wie viel Geld Sie in Ihrem Unternehmen für durch Stress verursachte Ausfallzeiten bezahlen? Oder auf den einzelnen Menschen bezogen: Wie viel Geld zahlen Sie für Ihre Krankenversicherung und welche Gegenleistung bekommen Sie von der Krankenkasse dafür?

Vielleicht sollten die Krankenkassen verstärkt in die Vermeidung Stress verursachender Aufgaben und Tätigkeiten investieren anstatt Milliarden unüberlegt in die Behandlung von gestressten oder bereits von Burnout betroffenen Menschen zu stecken. In meiner Managerausbildung lernte ich bereits vor 20 Jahren: „Du musst das Problem an der Wurzel anpacken" Vorbeugen ist immer noch besser als reparieren.

Beispiel: Bereits 2005 erhielt die London Underground den Unum Provident Healthy Workplaces Award (frei übersetzt: den Unternehmens-Gesundheitsschutz-Präventionspreis) der britischen Regierung. Alle 13.000 Mitarbeiter der London Underground wurden ab 2003 einem Stress-Regulierungsprogramm unterzogen. Die Organisation wurde angepasst, die Vorgesetzten auf Früherkennung und

Stress reduzierende Arbeitstechniken ausgebildet, und alle Mitarbeiter wurden über die Gefahren von Stress und Burnout aufgeklärt. Das Ergebnis war verblüffend. Die Ausgaben, bedingt durch Fehlzeiten der Arbeitnehmer, reduzierten sich um 455.000 britische Pfund, was einem Return on Invest von 1:8 entspricht. Mit anderen Worten: Für jedes eingesetzte britische Pfund fließen acht Pfund wieder zurück ins Unternehmen. Eine erhöhte Produktivität des einzelnen Mitarbeiters war die Folge. Ebenso verbesserte sich die gesamte Firmenkultur. Die Mitarbeiter erlebten einen positiven Wechsel in Gesundheit und Lifestyle.

Wann hören Sie auf, Geld aus dem Fenster zu werfen? Unternehmer, Führungskräfte, Personalverantwortliche und Selbstständige müssen sich deshalb immer wieder die Frage stellen, wie Stress im Unternehmen verhindert oder gemindert werden kann, um Kosten zu sparen und um somit die Produktivität und Effektivität zu steigern. Doch anstatt in Stresspräventionstrainings zu investieren, stehen landläufig weiterhin die Verkaufs- und Kommunikationsfähigkeiten des Personals im Fokus. Dabei zahlt sich, wie diese Beispiele beweisen, Stressprävention schnell und nachhaltig aus: Michael Kastner, Leiter des Instituts für Arbeitspsychologie und Arbeitsmedizin in Herdecke, beziffert die Rentabilität: „Eine Investition von einem Euro in eine moderne Gesundheitsförderung zahlt sich nach drei Jahren mit mindestens 1,8 Euro aus."

## 1.2 Überlastet oder gar schon gestresst?

Modewort Stress … Der Satz „Ich bin im Stress" ist anscheinend zum Statussymbol geworden, denn wer so viel zu tun hat, dass er gestresst ist, scheint eine gefragte und wichtige Persönlichkeit zu sein. Stars, Manager, Politiker gehen hier mit schlechtem Beispiel voran und brüsten sich in der Öffentlichkeit damit, „gestresst zu sein". Stress scheint daher beliebt zu sein und ist immer eine willkommene Ausrede.

Es gehört zum guten Ton, keine Zeit zu haben, sonst könnte ja Ihr Gegenüber meinen, Sie täten nichts, seien faul, hätten wahrscheinlich keine Arbeit oder seien ein Versager. Überprüfen Sie mal bei sich selbst oder in Ihrem unmittelbaren Freundeskreis die Wortwahl: Die Mutter hat Stress mit ihrer Tochter, die Nachbarn haben Stress wegen der neuen Garage, der Vater hat Stress, weil er die Winterreifen wechseln muss, der Arbeitsweg ist stressig, weil so viel Verkehr ist, der Sohn kann nicht zum Sport, weil die Hausaufgaben ihn stressen, der neue Hund stresst, weil die Tochter, für die der Hund bestimmt war, Stress mit ihrer besten Freundin hat – und dadurch keine Zeit.

Ich bin gespannt, wie viele banale Erlebnisse Sie in Ihrer Familie und in Ihrem Freundeskreis entdecken.

Gewöhnen sich Körper und Geist an diese Bagatellen, besteht die Gefahr, dass wirkliche Stress- und Burnout-Signale nicht mehr erkannt werden. Die Gefahr, in die Stressspirale zu geraten, steigt. Eine Studie des Schweizer Staatssekretariats für Wirtschaft aus dem Jahr 2000 untermauerte dies bereits damit, dass sich 82 % der Befragten gestresst fühlen, aber 70 % ihren Stress im Griff haben. Entschuldigen Sie meine provokante Aussage: Dann haben Sie keinen Stress.

Überlastung ... Es gibt viele Situationen von Überlastung. In der Medizin, Technik, Psyche, Sport et cetera hören und sehen wir jeden Tag Überlastungen. Es kann ein Boot sein, welches zu schwer beladen ist. Ebenso aber auch, dass jemand im Moment zu viel Arbeit, zu viele Aufgaben, zu viele Sorgen hat oder dass ein System oder ein Organ zu sehr beansprucht ist und nicht mehr richtig funktioniert. Beispiel kann das Internet, das Stromnetz oder das Telefonnetz sein, aber auch der Kreislauf oder das Herz.

Die Fachliteratur drückt es als „momentan über dem Limit" oder „kurzzeitig mehr als erlaubt" aus. Wichtig ist hier das Wörtchen „momentan". Jeder von uns Menschen ist so gebaut, dass er kurzzeitig über seine Grenzen hinausgehen kann. Jeder von Ihnen kennt das Gefühl, etwas Besonders geleistet zu haben. Sie fühlen sich wohl dabei und sind meist hinterher stolz auf das Geleistete. Sehen Sie Licht am Horizont und sind Sie sich bewusst, welche Tätigkeit Sie ausführen und zudem, wie lange Sie an einer Aufgabe zu arbeiten haben, dann spricht die Stressforschung von Überlastung und nicht von Stress. Also dann, wenn der Vorgang, die Tätigkeit oder die Aufgabe für Sie absehbar und kalkulierbar ist. Dieser Vorgang ist aber von Mensch zu Mensch unterschiedlich. Zum Beispiel fühlt sich ein Marathonläufer nach 20 km überhaupt nicht überlastet, aber der übergewichtige Mensch, der Schwierigkeiten hat, zwei Stockwerke hochzusteigen, mit

Sicherheit. Für ihn ist es keine Überlastung mehr, für ihn ist es Stress.

## 1.3    Alles Stress oder was?

Stress … Es gibt unzählige Definitionen von Stress und leider ist eine Eindeutigkeit oder eine Norm bis heute nicht gegeben. Stress ist individuell, unberechenbar, nicht greifbar. Es gibt kein Allheilmittel dagegen, da jeder Mensch Stress anders empfindet und somit auch die Vorbeuge- und Behandlungsmaßnahmen unterschiedlich sind.

Nachfolgende fünf Definitionen bezüglich Stress sind richtungsweisend:

„Stress ist ein Zustand der Alarmbereitschaft des Organismus, der sich auf eine erhöhte Leistungsbereitschaft einstellt" (Hans Seyle 1936; ein ungarisch-kanadischer Zoologe, gilt als der Vater der Stressforschung).

„Stress ist eine Belastung, Störung und Gefährdung des Organismus, die bei zu hoher Intensität eine Überforderung der psychischen und/oder physischen Anpassungskapazität zur Folge hat" (Fredrik Fester 1976).

„Stress gibt es nur, wenn Sie ‚Ja' sagen und ‚Nein' meinen" (Reinhard Sprenger 2000).

„Stress wird verursacht, wenn du ‚hier' bist, aber ‚dort' sein willst, wenn du in der Gegenwart bist, aber in der Zukunft sein willst" (Eckhard Tolle 2002).

„Stress ist heute die allgemeine Bezeichnung für körperliche und seelische Reaktionen auf äußere oder innere Reize, die wir Menschen als anregend oder belastend empfinden. Stress ist das Bestreben des Körpers, nach einem irritierenden Reiz so schnell wie möglich wieder ins Gleichgewicht zu kommen" (Schweizer Institut für Stressforschung 2005).

Bei allen fünf Definitionen gilt es zu unterscheiden zwischen negativem Stress – ausgelöst durch im Geiste unmöglich zu lösende Situationen – und positivem Stress, welcher in Situationen entsteht, die subjektiv als lösbar wahrgenommen werden. Sobald Sie begreifen, dass Sie selbst über das Empfinden von freudvollem Stress (Eu-Stress) und leidvollem Stress (Di-Stress) entscheiden, haben Sie Handlungsspielraum.

Bei **positivem Stress** wird eine schwierige Situation als positive Herausforderung gesehen, die es zu bewältigen gilt und die Sie sogar genießen können. Beim positiven Stress sind Sie hoch motiviert und konzentriert. Stress ist hier die Triebkraft zum Erfolg.

Bei **negativem Stress** befinden Sie sich in einer schwierigen Situation, die Sie noch mehr als völlig überfordert. Sie fühlen sich der Situation ausgeliefert, sind hilflos, und es werden keine Handlungsmöglichkeiten oder Wege aus der Situation gesehen. Langfristig macht dieser negative Stress krank und endet oft im Burnout.

## 1.4    Burnout – Die letzte Stressstufe

Burnout … Als letzte Stufe des Stresses tritt das sogenannte Burnout auf. Nun hilft keine Medizin und Prävention mehr; jetzt muss eine langfristige Auszeit unter professioneller Begleitung her. Ohne fremde Hilfe können Sie der Burnout-Spirale nicht entkommen. Die

Wiedereingliederung eines Burnout-Klienten zurück in die Arbeitswelt ist sehr aufwendig. Meist gelingt das erst nach einem Jahr Auszeit, oft auch gar nicht.

Nach einer Studie der Freiburger Unternehmensgruppe Saaman aus dem Jahr 2007 haben 45 % von 10.000 befragten Managern Burnout- Symptome. Die gebräuchlichste Definition von Burnout stammt von Maslach & Jackson aus dem Jahr 1986: „Burnout ist ein Syndrom der emotionalen Erschöpfung, der Depersonalisation und der reduzierten persönlichen Leistung, das bei Individuen auftreten kann, die auf irgendeine Art mit Leuten arbeiten oder von Leuten beeinflusst werden."

Burnout entsteht nicht in Tagen oder Wochen. Burnout entwickelt sich über Monate bis hin zu mehreren Jahren, stufenweise und fortlaufend mit physischen, emotionalen und mentalen Erschöpfungen. Dabei kann es immer wieder zu zwischenzeitlicher Besserung und Erholung kommen. Der fließende Übergang von der normalen Erschöpfung über den Stress zu den ersten Stadien des Burnouts wird oft nicht erkannt, sondern als „normale" Entwicklung akzeptiert. Reagiert der Betroffene in diesem Zustand nicht auf die Signale, die sein Körper ihm permanent mitteilt und ändert der Klient seine inneren oder äußeren Einfluss- und Stressfaktoren nicht, besteht die Gefahr einer sehr ernsten Erkrankung. Diese Signale können dauerhafte Niedergeschlagenheit, Ermüdung, Lustlosigkeit, aber auch Verspannungen und Kopfschmerzen sein. Es kommt zu einer kreisförmigen, gegenseitigen Verstärkung der einzelnen Komponenten. Unterschiedliche Forschergruppen haben auf der Grundlage von Beobachtungen den Verlauf in typische Stufen unterteilt.

Wollen Sie sich das alles antun?

Leider ist Burnout in den meisten Firmen ein Tabuthema – die Dunkelziffer ist groß. Betroffene Arbeitnehmer und Führungskräfte schieben oft andere Begründungen für ihren Ausfall vor – aus Angst vor negativen Folgen, wie zum Beispiel dem Verlust des Arbeitsplatzes. Es muss ein Umdenken stattfinden!

Wen kann es treffen? Theoretisch sind alle Menschen gefährdet, die nicht auf die Signale des Körpers achten. Vorwiegend trifft es einsatzbereite und engagierte Mitarbeiter, Führungskräfte und Selbstständige. Oft werden diese auch von Vorgesetzten geschätzt, von Kollegen bewundert, vielleicht auch beneidet. Solche Menschen sagen auch nie „nein"; deshalb wachsen die Aufgaben, und es stapeln sich die Arbeiten. Dazu kommt oft, dass sich Partner, Freunde und Kinder über zu wenig Zeit und Aufmerksamkeit beklagen. Wie Sie „Nein" sagen erlernen, erfahren Sie später.

Aus eigener Erfahrung kann ich sagen, dass der Weg zum Burnout anfänglich mit kleinsten Hinweisen gepflastert ist, kaum merkbar, unauffällig, vernachlässigbar. Es bedarf einer hohen Achtsamkeit, um diese Signale des Körpers und der realisierenden Umwelt zu erkennen. Kleinigkeiten werden vergessen und vereinbarte Termine werden immer weniger eingehalten. Hobbys und Sport werden – wie bei mir geschehen – erheblich vernachlässigt. Auch mein Körper meldete sich Ende der neunziger Jahre mit leisen Botschaften: Schweißausbrüche, Herzrhythmusstörungen, schwerfällige Atmung und unruhiger Schlaf waren die Symptome, die anfänglich nicht von mir beachtet wurden.

**Abschlusswort**
Eigentlich ist Burnout- oder Stressprävention für Musiker ganz einfach. Tipps gibt es überall und Zeit dazu auch. Sie, ja Sie, Sie müssen es einfach nur tun. Viel Spaß und Unterhaltung beim nun folgenden Beitrag von Joe Orszulik.

# Literatur

Buchenau P (2014) Der Anti-Stress-Trainer. Springer, Wiesbaden

# 2

# Prolog

## 2.1 Momentaufnahmen eines Musikers

19:50 Uhr. Ich schaue auf meine Hände: Sie zittern gewaltig und sind feucht – kalter Schweiß. Ich schließe meine Augen und spüre, wie mein Herz rast. Mein Atem ist flach und schnell. Mir schießen eine Million Gedanken durch meinen Kopf: „Mit diesen zitternden Händen kannst Du nicht spielen – die Leute werden Deine Unsicherheit sofort bemerken – Du hättest noch mehr üben sollen – im Publikum sitzen jede Menge sehr guter Gitarristen; die spielen wahrscheinlich alle viel besser als Du – es war keine gute Idee, das komplette Programm auswendig spielen zu wollen – Du wirst irgendwo einen Hänger haben und nicht weiter wissen – Du wirst versagen – Du wirst

© Springer Fachmedien Wiesbaden GmbH 2017
J. Orszulik, *Der Anti-Stress-Trainer für Musiker,*
DOI 10.1007/978-3-658-15995-5_2

versagen – Du wirst versagen". Ich kenne diese inneren Stimmen nur zu gut. Sie sind immer dann zur Stelle, wenn ich sie am wenigsten brauchen kann. Sie beurteilen mich. Sie bewerten mich. Sie verurteilen mich.

19:52 Uhr. Ich schaue schon wieder auf die Uhr. Nur noch acht Minuten und die Sitzreihen der wunderschönen Kirche sind so gut wie voll besetzt. Eine kurze Begrüßungsansprache soll ich auch noch halten. Ich habe mir keine Notizen dazu gemacht und jetzt scheint mein Kopf leer zu sein.

19:56 Uhr. Ich bin wie erstarrt. Meine Hände sind nun kalt. Auf meine Brust hat sich eine tonnenschwere Last gelegt, die mir das Atmen immer schwerer und schwerer macht. Ich habe Angst. Was, wenn ich wirklich versage? Was, wenn ich mich verspiele? Was, wenn ich nicht gut genug bin?

19:59 Uhr. Es gibt kein Zurück mehr. In diesem Moment will ich kein Musiker mehr sein. In diesem Augenblick geht es mir schlecht. Ich möchte weg von hier, ich stehe wirklich „neben mir". Ich habe meine Gefühlswelt nicht mehr unter meiner Kontrolle.

20:00 Uhr – Konzertbeginn. Ich MUSS jetzt da raus, ich MUSS jetzt spielen. In einem Gefühl, welches ich fast als Ohnmacht wahrnehme, betrete ich die Bühne und beginne zu spielen. Alles geht gut. Ein ganz normaler Abend in einem normalen Musiker-Leben. Ich habe funktioniert – wie immer.

Einige Jahre später bekomme ich von einem befreundeten Musiker eine Nachricht per WhatsApp. Er hatte mich bereits einige Wochen zuvor eingeladen, bei einer kleinen musikalischen Soirée mitzuwirken und teilt mir nun per Handy-Nachricht die drei Musikstücke mit, die er gemeinsam mit mir und ein paar anderen Musikern an diesem Abend vor kleinem Publikum spielen möchte.

Ich öffne die Mitteilung. Was dann geschieht, überwältigt mich und macht mich in diesem Moment völlig hilflos. Ich erstarre innerlich und mich durchflutet eine Angst, an die ich mich in dieser Intensität bewusst nicht erinnern kann, jemals zuvor erlebt zu haben. Ich fühle Lähmung. Mein Atem stockt, mein Puls rast. Und dabei sitze ich einfach nur in meinem Büro und lese diese Nachricht. Ich bin mir selbst in diesem Moment völlig fremd. Ich fühle mich klein, schwach und ohnmächtig.

Dann beginne ich zu weinen. Ich weine wie früher, viel früher, als ich noch ein Kind war. Ich gebe jeden Widerstand auf und lasse alles zu, was da kommt. Ich hätte in diesen Minuten ohnehin nicht die Kraft, dagegen anzukämpfen.

Dann ist irgendwann Stille in mir. Absolute Stille – vollkommene Ruhe. Ich bemerke eine Klarheit und Offenheit in meinem Fühlen. Ich weiß in diesem Moment: jetzt ist die Zeit gekommen, Pause zu machen. Pause zu machen vom aktiven, professionellen Musizieren. Ich bin in diesen Sekunden ohne jeden Zweifel. Das fühlt sich nach der Wahrheit an – nach der für MICH richtigen Wahrheit.

## 2.2    Heute – nach 20 Jahren Profimusiker

Heute, da ich diese Zeilen schreibe, bin ich 46 Jahre jung und blicke zurück, was ich alles während den 20 Jahren meines Musiker-Lebens erlebt habe und was dies mit mir gemacht hat.

1996 habe ich meinen ursprünglich erlernten Beruf des Bankkaufmannes aufgegeben, um meine Leidenschaft zu leben. Musiker sein – das war für mich eine geile Vorstellung. Selbstbestimmt und frei leben, jeden Tag nur noch machen, was ich möchte, viel Geld damit verdienen – ich startete mit sehr viel Enthusiasmus, Euphorie, Schwärmerei und, aus heutiger Sicht betrachtet, jeder Menge Blauäugigkeit in die Selbstständigkeit als Gitarrist und Sänger. Ich gründete meine erste professionelle Band und eröffnete meine eigene private Musikschule, die ich innerhalb weniger Jahre zu einer der erfolgreichsten Musikschulen in meiner Heimatstadt etablierte. In den besten Jahren unterrichteten meine Mitarbeiter und ich ca. 1000 Schüler.

Ja, ich hatte sehr viele gute Jahre. Ich möchte nichts von dem missen, was war. Alles hat mich zu dem Menschen werden lassen, der ich heute bin. Und ich habe nicht erkannt, wie sich ganz langsam, über mehrere Jahre hinweg, meine Grundstimmung immer mehr verändert hatte. Meine einstige Leichtigkeit hatte sich irgendwann von mir verabschiedet. Meine Kreativität verblasste in dem Maße wie meine Grund-Lebensfreude sank. Dies war ein sehr langsamer und schleichender Prozess, der sich über viele Jahre, und lange Zeit von mir unbemerkt, hin erstreckte.

Irgendwann fühlte ich mich permanent überlastet und überfordert. Ich wurde immer lust- und antriebsloser. Ich verlernte zu lachen, herzhaft und frei zu lachen. Ich konnte nicht weinen, zu hart war der Panzer, den ich um meine Gefühle herum aufgebaut hatte, um meine Ängste nicht spüren zu müssen. Dies hatte auch Auswirkungen auf die Menschen, die mich damals schon liebten und es heute immer noch tun. Die Phasen, während denen ich sehr gereizt war und dauerhaft Stress empfand, wurden immer länger. Um in einem Bild zu sprechen: Aus meinem Leben verschwanden immer mehr die Farben. Wie bei einem Film, bei dem Du immer mehr von „farbig" auf „schwarz-weiß" drehst.

Heute bin ich nicht mehr als Berufsmusiker tätig und auch meine Musikschule habe ich komplett aufgelöst. Es war an der Zeit für mich, etwas Grundlegendes in meinem Leben zu ändern. Sehr gerne musiziere ich nach wie vor zum Spaß und zum Vergnügen mit meiner Frau und meinen Kindern.

Die Professionalität habe ich eingetauscht in ausnahmsloses Entspannungs-Musizieren. Um meine Erfahrungen weitergeben zu können, habe ich mich im Laufe der vergangenen Jahre ausbilden lassen unter anderem in humanistischer Psychotherapie und therapeutischer Hypnose. Ich habe mehrere Jahre intensive Selbsterfahrung und Prozesse innerer Heilung durchlebt. Ich habe mich selbst zutiefst kennengelernt und mein Leben auf eine ganz neue Art in meine eigene, hundertprozentige Verantwortung genommen. Mein Leben ist nunmehr erfüllter als jemals zuvor. Ich lache, ich weine, ich fühle, ich liebe. Ich lebe intensiv und in Harmonie mit mir. Mein Leben ist wieder bunt, die Farben erstrahlen heller und kräftiger als jemals zuvor. Meine tagtägliche Beschäftigung ist es heute, Menschen dabei zu unterstützen, den Weg zu gehen, den auch ich die letzten Jahre gegangen bin. Werde ich gefragt, was ich denn so „beruflich" mache, antworte ich meist:

> Mein Job sind Deine Gedanken. Du darfst wissen, dass jeder einzelne Deiner Gedanken wirkt. Ein Gedanke bewirkt unmittelbar ein Gefühl und/oder eine direkte körperliche Reaktion. Das gilt sowohl für die Dir bewussten Gedanken als auch für die unzähligen flüchtigen Gedanken, die überhaupt nicht in Dein Bewusstsein gelangen. Ich helfe als Hypnotiseur den Menschen dabei, immer mehr die Gedanken zu denken, die sie denken wollen. Neue Gedanken erzeugen neue Wirkungen und neue Ergebnisse. Ändere Dein Denken und Du beginnst, Dein Leben zu ändern. Bekomme Deine Gedanken in den Griff und Du beginnst, Dein Leben in den Griff zu bekommen.

Ich möchte Dir, geschätzte Leserin und geschätzter Leser, in diesem Buch von meinen selbst gemachten Erfahrungen zum Thema Stress berichten. Ich lasse Dich teilhaben an einem Abschnitt meiner persönlichen Geschichte und Dich daraus lernen. Ich wähle dafür das „Wertschätzende Du" als Form der persönlichen Ansprache, da es auch im Umgang mit all den Kollegen, mit denen ich im Laufe der Jahre zusammengearbeitet habe, wie selbstverständlich üblich war.

Ich werde darüber schreiben, was alles, speziell für Musiker, Stress auslösen kann. Du wirst erstaunt sein, wie viel dabei auf einer tiefen, unbewussten Ebene stattfindet.

Ich werde darüber schreiben, was Stress mit Dir machen kann, wenn Du ihn nicht wahrnimmst bzw. ihn zu lange hinnimmst. Ich werde darüber schreiben, wie Du es verhindern kannst, dass Stress für Dich zu einem krankmachenden Faktor wird. Du bekommst von mir praktische und auch im Alltag ganz einfach umzusetzende Übungen, Werkzeuge und Tipps für Deinen persönlichen Umgang mit Stress.

Noch etwas zum allgemeinen Verständnis dieses Buches: Ich schreibe in dieser Publikation in der Hauptsache über den *negativen,* den auf Dauer krankmachenden Stress, den sogenannten Disstress. Diese Form des Stresses und seine Auswirkungen möchte ich mir mit Dir näher ansehen. Es geht mir darum, Dir Möglichkeiten aufzuzeigen, wie Du glücklich und gesund dem Musizieren nachgehen kannst, und das bitte Dein Leben lang. Das ist mein Wunsch an Dich und der Grund dafür, dass ich diese Zeilen schreibe. Ich möchte Dich sensibel machen für dieses Thema und Dir Ideen zum positiven Umgang damit geben. Dabei spielt es keine Rolle, ob Du die Musik professionell als Berufsmusiker betreibst oder als Hobby-Musiker in Deiner Freizeit. Viele der Stress machenden Faktoren und ihre Auswirkungen habe ich in beiden Gruppen gesehen.

## 2.3    Willst Du wirklich ganz ohne Stress sein?

Es geht nicht darum, Stress ganz allgemein und komplett aus Deinem Leben als Künstler zu verbannen. Das ist nicht das Ziel. Erstens wäre das für einen gesunden Menschen als fühlendes Wesen ein nicht zu realisierender Wunsch, was wieder zu Stress führen würde. Zweitens benötigst Du eine gewisse Form und Intensität von Stress, um Deine ganz persönliche Höchstleistung abrufen zu können. Die Rede ist hier vom *positiven* Stress, dem Eustress. Eine angemessene, nicht zu niedrige und nicht zu hohe Portion Adrenalin in Deinem Körper sorgt dafür, dass Du im richtigen Moment höchst aufmerksam und leistungsfähig bist. Du kannst dann auf den Punkt genau Deine persönliche Bestleistung abrufen. Dass dies so ist, haben R.M. Yerkes und J.D. Dodson, zwei Psychologen aus Amerika, bereits vor über 100 Jahren nachgewiesen und im sogenannten Yerkes-Dodson-Gesetz beschrieben. In Versuchen mit Mäusen haben die beiden Wissenschaftler erkannt und belegt, dass wir sowohl ganz ohne Stress als auch mit zu viel Stress nur eine geringere Leistung abrufen können als im mittleren Stress-Niveau (Yerkes und Dodson 1908).

Ein weiterer, wunderschöner Effekt des positiven Stresses ist, dass Du nach Deinem Auftritt oder auch nach einer tollen Probe dieses gewisse Hoch- und Glücksgefühl erleben darfst, welches fast süchtig machen kann. Diese Form von Stress nutzt Dir. Der Eustress schadet Dir weder physisch noch psychisch. Dieser Stress ist der Freund des

darstellenden Künstlers und sorgt für körpereigene Belohnungen, höchste individuelle Leistungen und somit ganz
nebenbei auch für anhaltende Motivation.

Eustress wünsche ich Dir jede Menge in Deinem Leben.
Eustress in Deinem Leben ist wie das gern zitierte Salz in der
Suppe. Ohne Eustress wäre Dein Leben eintönig und öde.

Lass uns im nächsten Abschnitt sammeln, was alles zu
dem Stress führen kann, den ich Dir *nicht* wünsche: dem
Disstress.

## Literatur

Yerkes RM, Dodson JD (1908) The relation of strength of sti-
mulus to rapidity of habit-formation. J Comp Neurol.
18(5):459–482

# 3

# Negative Stressoren im Dasein eines Musikers

## 3.1 Stress in München

Wir sind nach vier Stunden und 15 min Autobahn-
fahrt endlich in München angekommen. Von Stuttgart
nach München haben wir tatsächlich mehr als vier Stunden über die A8 benötigt. Schneefall, Baustelle, Unfall,
Stau, stop and go – das alles hat uns sehr nervös werden
lassen. Um 19:00 Uhr ist Saalöffnung und wir müssen
noch alles aufbauen und den Sound checken. Geplant
war, um 16:30 Uhr damit zu beginnen. Es ist jetzt bereits
18:15 Uhr, als wir endlich die kleine Sporthalle betre-
ten, in der wir heute Abend eine Vereinsfeier musikalisch
mit Rock und Oldies begleiten sollen. Schlagzeuger, Bas-
sist, Sänger und wir beiden Gitarristen geben Vollgas und
schleppen im Eiltempo die gesamte Band-Ausrüstung

© Springer Fachmedien Wiesbaden GmbH 2017
J. Orszulik, *Der Anti-Stress-Trainer für Musiker,*
DOI 10.1007/978-3-658-15995-5_3

aus unserem Transporter auf die Bühne. Ich komme ins Schwitzen und bin riesig gestresst. Der Festwart des Vereins ist auch weit entfernt von jeglicher Entspannung und mahnt pausenlos zur Eile. „Hey, wir sind nicht blöd! Lass uns einfach in Ruhe!" – denke ich und ringe mir ein angestrengtes Lächeln in seine Richtung ab.

Pünktlich um 19:00 Uhr strömen die ersten Gäste in den Saal. Für einen ausführlichen Soundcheck reicht uns die Zeit nicht mehr. Wir müssen einfach spielen und hoffen, dass es irgendwie passt. Auf der Bühne passt und steht alles so weit.

Backstage – hinter der Bühne: ich habe zwei Gitarrenkoffer dabei: Eine elektrische Gitarre und, für die beiden ruhigeren Stücke in unserem Programm, eine akustische Gitarre. Ich öffne den Koffer der E-Gitarre und... leer. Außer einigen Notenblättern ist dieser Koffer... leer. Kennst Du dieses Gefühl, wenn auf einen Schlag jegliches Blut aus Deinem Körper sich zu verabschieden scheint? Schock-Starre. Für eine gewisse Zeit scheint mein Herz und die gesamte Welt um mich herum still zu stehen. Im nächsten Moment bricht mir der Schweiß auf der Stirn aus. Erinnerungs-Versuche: Ich habe diesen Koffer nicht selbst aus unserem Proberaum getragen und in den Bus geladen. Einer meiner Kollegen hatte diesen Koffer in der Hand. Die E-Gitarre steht noch auf ihrem Ständer im 220 km weit entfernten Proberaum. Ich fühle Schwäche in jeder Faser meines Körpers. „Wie dämlich kann man sein?", frage ich mich immer wieder. Ich hätte die Gitarre am Abend davor in den Koffer legen sollen. Was für ein besch... Tag. Ich darf das komplette Programm mit der akustischen Gitarre spielen und fühle mich klein, hilflos, unsicher und vor allen Dingen: Ich habe ein bedrückend schlechtes Gewissen. Ich habe dieses schlechte Gewissen meinen Kollegen und dem Veranstalter gegenüber. Du darfst Dir das in etwa so vorstellen, als würde ein Formel-1-Rennfahrer ein Rennen mit einem straßenzugelassenen Alltags-Porsche fahren müssen, weil sein eigentlicher Renn-Bolide nicht mitgenommen wurde. Party-Rock-Musik mit angezogener Handbremse – das habe ich an diesem Abend abgeliefert. Ich fühlte ausschließlich negativen Stress. Es kam mir vor, als wäre mein körpereigenes Belohnungssystem gemeinsam mit meiner E-Gitarre im Proberaum der Band vergessen worden.

Als „negative Stressoren", also Disstress auslösende Faktoren, werden all diejenigen Reize bezeichnet, die ein Mensch als bedrohlich oder als überfordernd wahrnimmt. Du gerätst in Stress, wenn Du etwas nicht mehr kontrollieren kannst, wenn Du eine Situation „nicht mehr im Griff" zu haben scheinst. Du empfindest Stress, wenn Du Dich überfordert fühlst. Diese Reize können sowohl als äußere (meine E-Gitarre war nicht im Koffer) wie auch als innere (schlechtes Gewissen und der Anspruch, alles immer perfekt machen zu müssen) Stimuli auftreten.

Ich gebe Dir in der folgenden, unsortierten und mit Sicherheit noch um viele weitere Punkte zu ergänzenden Aufzählung eine erste Idee davon, wie viele Möglichkeiten das Musikerleben bietet, Stress zu erleben und selbst Stress zu erschaffen:

- Du bist nicht gut vorbereitet.
- Perfektionismus
- Ständiges Vergleichen der eigenen Leistung mit der Leistung anderer/Musik als Wettkampf empfinden
- Finanzieller Druck
- Schlafmangel
- Du tust nicht das, was Du wirklich WILLST.
- Überforderung
- Versagensangst
- Mangelnder Selbstwert
- Mangel an Bewegung/Sport
- Übermäßige Lautstärke
- Zeitdruck
- Schlechtes Arbeitsmaterial
- Ungesunde Ernährung/Alkohol
- Dein Tun stimmt nicht mit Deinen Wünschen und Zielen überein.
- Hoher Konkurrenzdruck in der Musikerbranche

Oftmals legen bereits sehr ehrgeizige Eltern, die „nur das Beste für Ihre Kinder wollen", die Grundlage dafür, dass Musik schon im Kindesalter als Wettkampf und Stress empfunden wird.

## 3.2   Die Geschichte von Tim und seinem Vater

Ich sitze mit Tim und seinem Vater in meinem Büro. Tim, sieben Jahre jung, darf Gitarre spielen lernen. Heute ist der große Tag, an dem Tim zum Unterricht angemeldet werden soll. In den folgenden 20 min findet ein sehr merkwürdiges Gespräch statt. Meine Idee war es, vor allem Tim kennenzulernen. Sein Vater jedoch gibt Tim und mir keine Chance auf einen Austausch. All meine Fragen an Tim beantwortet sofort und unaufgefordert er selbst.

Tim wirkt dabei auf mich auf irgendeine Art und Weise betrübt. Ich fühle keine Begeisterung und keine Neugier bei Tim für das Thema „Gitarre spielen". Ich schlage daher vor, mit einem Schnupperkurs über eine Dauer von fünf Wochen zu beginnen. Der Vorschlag findet Gefallen und ein Termin für Tims erste Unterrichtseinheit ist auch schnell gefunden. Was dann auf mich zukommt, macht mich sprachlos, wirklich sprachlos, im wahrsten Sinne des Wortes. Tims Vater öffnet seinen Aktenkoffer, stöbert einige Augenblicke darin herum und übergibt mir dann zwei zusammengeheftete DIN-A-4-Blätter.

„VEREINBARUNG" steht auf dem vorderen der beiden Schriftstücke in großen, fett gedruckten Buchstaben als Überschrift. Ich lese komplett durch, was mir vorliegt – und bin fassungslos. Ich soll dafür unterschreiben und garantieren, dass der siebenjährige Tim nach sechs Monaten Unterricht das angeheftete Musikstück fehlerfrei und flüssig spielen kann. Ich soll mit meiner Unterschrift bestätigen, dass, wenn dieses Ziel innerhalb der vorgegebenen Zeit nicht erreicht wird, mein Unterricht nicht gut genug war und somit meine Art der Anleitung versagt hat. In diesem Falle sei ich dann verpflichtet, das mir bis dahin gezahlte Unterrichtsentgelt komplett zurück zu erstatten. Ohne meine Unterschrift auf dieser Vereinbarung wird Tim nicht bei mir zum Unterricht angemeldet. Das gibt mir sein Vater noch zu verstehen. Zudem solle Tim natürlich in spätestens zwei Jahren seinen ersten „Jugend-musiziert-Wettbewerb" erfolgreich mitspielen.

Es folgt eine Zeit absoluten Schweigens in meinem Büro. Mir erklärt sich nun Tims Betrübnis. Wahrscheinlich wird Tim immer wieder und in vielen Bereichen diesem Erwartungs- und Leistungsdruck seitens seiner Eltern ausgesetzt. Ja, das angeheftete Musikwerk wäre vielleicht erlernbar für Tim innerhalb von sechs Monaten. Nur: zu welchem Preis? Ich müsste dieses Kind vehement dazu antreiben, etwas zu üben, was es vielleicht gar nicht spielen möchte. Eine freie Entfaltung und Erfüllung dieser jungen Kinderseele, wie sie gerade beim Musizieren so wunderbar möglich sein kann, würde unterdrückt. Tim dürfte von mir nicht lernen, zu musizieren einzig und allein aus der Freude an den schönen Klängen heraus. Ich könnte Tim nicht beibringen, dass Lernen und Entwicklung immer in *seiner* Geschwindigkeit stattfinden darf.

Ich weiß nicht, ob Tim und sein Vater jemals einen Gitarrenlehrer gefunden haben. Ich habe es abgelehnt, mich darauf einzulassen. Leider war Tims Vater damals nicht dazu zu bewegen, von dieser Vereinbarung Abstand zu nehmen. Für Tim verspürte ich tiefes Mitgefühl.

Die Folge eines solchen Ehrgeizes seitens der Eltern, denen ich hier überhaupt nicht in Abrede stellen möchte, nur „das Beste" für ihre Kinder zu wollen, die jedoch ahnungslos davon sind, was sie damit bewirken, sind erwachsene Menschen, die permanent mit einem Gefühl von Minderwertigkeit leben. Diese Menschen haben gelernt, dass es immer jemanden gibt, der es noch besser kann als sie selbst. Die eigene Leistung wird somit immer als unzulänglich, als nicht ausreichend empfunden. Dies wird im Laufe der Entwicklung vom Kind zum erwachsenen Menschen ein Teil des Selbstbildes und die eigene Persönlichkeit an sich wird als „nicht ausreichend", als „nicht in Ordnung" und als „nicht gut genug" erfahren. Ein Leben mit dieser tief im Unterbewusstsein verankerten Überzeugung seiner selbst besteht größtenteils aus Kampf um Anerkennung und Bestätigung. Die meisten Menschen sind unentwegt am „sich selber vergleichen" mit anderen. Der individuell gefühlte Konkurrenzdruck ist enorm. Das ist auf Dauer sehr anstrengend, führt zu stressbedingten Erkrankungen und wird leider in vielen Fällen früher oder später nur noch mit Tabletten- oder Alkoholkonsum ertragen. 20 bis 30 % der professionellen Orchestermusiker greifen laut einer Schätzung des Berliner Musikermediziners Professor Helmut Möller regelmäßig zu Tabletten oder Alkohol (Techniker Krankenkasse 2012).

Prüfe bitte einmal für Dich: In welchen Bereichen und wie häufig vergleichst Du Deine eigene Leistung mit der Leistung anderer? Auf welchen Gebieten und wie oft wirst Du verglichen mit „den anderen"? Und was macht das mit Dir?

## Literatur

Techniker Krankenkasse (2012) „Lampenfieber bei Musikern". https://www.tk.de/tk/musik-und-gesundheit/wenn-musik-krank-macht/stress-und-angst/447864. Zugegriffen: 02. April 2012

# 4

# Du gestern-Du heute-Du morgen

## 4.1    42,195 km

Im Jahre 2011 bin ich in Berlin mit 41 Jahren meinen ersten Marathon gelaufen.

Im Vorfeld habe ich in der Silvesternacht von 2010 auf
2011 eine „etwas große Klappe riskiert" und nach einigen
Gläsern Wein getönt, ich würde einen Marathon bewältigen. Bis dahin habe ich so gut wie keinen Sport betrie-
ben, hatte deutliches Übergewicht und meine körperliche
Grundfitness war schon fast bemitleidenswert. Ich war
Musiker und mein Alltag bestand vorwiegend aus Sitzen.
Ich kam jedoch aus dieser Nummer nicht mehr raus und
musste mich beweisen. Die folgenden neun Monate nutzte
ich zum effektiven Training, phasenweise zusammen mit
einer professionellen Lauftrainerin, mit der mir selbst

© Springer Fachmedien Wiesbaden GmbH 2017                   **33**
J. Orszulik, *Der Anti-Stress-Trainer für Musiker,*
DOI 10.1007/978-3-658-15995-5_4

gesetzten Vorgabe, irgendwie die Strecke über 42,195 km zu überleben. Ich wollte einfach nur ankommen.

Am 25.09.2011 flog ich dann nach Berlin, rannte durch die Stadt und bin nach **4:44:13 Std.** im Ziel angekommen. Der schnellste Läufer war der Kenianer Patrick Makau Musyoki. Er benötigte für diese Strecke an diesem Tag lediglich 2:03:38 Std., neuer Weltrekord. Ich kam an Platz 26.189 ins Ziel, das heißt, 26.188 Läufer und Läuferinnen waren schneller als ich unterwegs gewesen. Hat mich das gestresst? Nein. Ich war stolz auf mich und meine Leistung. Die Ergebnisse der anderen Sportler waren nicht wichtig für mich.

Zwei Jahre später, am 13.10.2013, war ich beim München-Marathon am Start. Mein Ziel war es, schneller zu sein als zwei Jahre zuvor. Der Vergleich galt einzig und allein meiner eigenen Zeit von Berlin. Ich überschritt an diesem Tag die Ziellinie im Olympiastadion nach **4:16:56 Std.** Am 11.10.2015, wiederum zwei Jahre später, winkte die Zielfahne für mich an selber Stelle bereits nach **4:10:47 Std.**

Einige meiner Freunde sind, wie zigtausende anderer Sportler, den Marathon schon deutlich schneller gelaufen als ich – und es macht mir keinen Stress. Um voran zu kommen, um mich zu entwickeln und um zu wachsen vergleiche ich mich mit mir selbst. Mein mich motivierender Vergleich in allen Bereichen lautet:

*„Wie war ich gestern? Wie bin ich heute? Wie werde ich morgen sein?"*

Für Dich:

*„Wie warst Du gestern? Wie bist Du heute? Wie wirst Du morgen sein?"*

## 4.2    Vergleichen – Motivationskiller und Stressbereiter?

Ich habe die Überschrift zu diesem Kapitel mit einem Fragezeichen versehen und möchte als Antwort auf diese Fragestellung ein eindeutiges und klares „Jein" geben.

Einerseits ist es ein absoluter Motivationskiller, wenn Du ständig mit den Besten verglichen wirst oder Dich selbst mit ihnen vergleichst. Das bereitet Dir Stress und Du wirst Dich mit Deiner Leistung permanent minderwertig fühlen.

Andererseits möchte ich nicht sagen, dass ein gesunder Vergleich mit anderen grundsätzlich negativ ist. Der Wettkampf mit anderen kann Ansporn und Triebfeder für Dich sein. Du darfst bitte jedoch stets sehr genau darauf achten, was dabei mit Dir geschieht und was es mit Dir macht.

Bist Du begeistert und spielst Du frei und leicht Dein Instrument, wenn Du mit herausragenden Ausnahme-Musikern zusammen musizierst oder bist Du in solchen Situationen gehemmt und blockiert? Bei mir war Letzteres jahrelang die Regel. Bekam ich die Chance, mit exzellenten Musikern zu spielen, fühlte ich mich in ihrer Anwesenheit stets klein und unzureichend. Das war für mich Stress pur, den ich nach außen gut verstecken konnte. Ich beherrsche mein Instrument, ich weiß, was ich kann – und das schien ich zu vergessen, sobald ich mich auf das Vergleichen einließ. Dieses Vergleichen war absolut subjektiv und entbehrte jeder Notwendigkeit. Es war ein zutiefst innerlicher Prozess meiner selbst, der automatisch ablief und den ich zur damaligen Zeit nicht stoppen oder beeinflussen konnte. Ich verstand schlicht nicht, was für Prozesse in mir und mit mir abliefen. Ich war nicht wach dafür.

Mangelnder Selbstwert und fehlendes Selbstvertrauen waren Ursachen für diesen emotionalen Stress. Auflösen konnte ich dieses auf Dauer selbstzerstörerische Verhalten erst dann, als ich Stück für Stück lernte, mir meinem eigenen Wert als Mensch immer bewusster zu werden. Ich lernte über die Zusammenhänge zwischen meinen tief verwurzelten Überzeugungen, meinem diesen Überzeugungen entspringenden Denken, meinem daraus resultierenden Handeln und den immer gleichen Ergebnissen, die ich damit erzielte. Ich begann zu begreifen, in welchem endlosen Kreislauf ich da feststeckte.

# 5

# Dein Denken-Deine Grenzen-Dein Stress

## 5.1 Ein verblüffendes Experiment

Sehr gerne lasse ich die Teilnehmer zu Beginn meiner Seminare etwas Außergewöhnliches, etwas Verblüffendes erleben. Ich lade Dich ein, das nächste Experiment zuerst einmal vollständig zu lesen und dann dieses selbst mit Dir durchzuführen. Du wirst erstaunt sein.

> **Experiment**
>
> Bitte stelle Dich aufrecht, fest und gerade hin. Deine Beine stehen schulterbreit auseinander und Du hast so viel Raum um Dich herum, dass Du Dich problemlos mit ausgestreckten Armen um Deine eigene Achse drehen kannst. Auf dieser Position bleibst Du während des gesamten Experiments wie angewurzelt stehen.

© Springer Fachmedien Wiesbaden GmbH 2017
J. Orszulik, *Der Anti-Stress-Trainer für Musiker*,
DOI 10.1007/978-3-658-15995-5_5

Strecke Deine beiden Arme komplett nach links bzw. nach rechts aus und mache mit Deinen Händen jeweils eine Faust mit nach oben gerichteten Daumen, den sogenannten „Sieger-Daumen". Verdrehe nun in dieser Haltung Deinen Oberkörper nach links oder nach rechts. Die Auswahl der Richtung bleibt Dir unbenommen. Du verdrehst Deinen Oberkörper bitte so weit Du es kannst. Gehe an Deine Grenze, an Deine absolute Grenze. Streng Dich richtig an. Dann peilst Du über den ausgestreckten Daumen hinweg und merkst Dir die Position, wie weit Du gekommen bist. Drehe Dich zurück, lasse Deine Arme sinken, entspanne Dich und schließe Deine Augen.

(Anmerkung: Den folgenden Text kannst Du Dir auf ein Diktiergerät oder auf Dein Handy sprechen, um ihn dann abzuhören. Sprich dabei ruhig und bitte nicht zu schnell. Alternativ bittest Du einen lieben Menschen, Dir den Text langsam vorzulesen. Das hilft Dir, in Deiner Konzentration und Vorstellung zu bleiben.)

Bitte schließe jetzt Deine Augen. Stelle Dir nun in Deiner Phantasie - vor Deinem inneren Auge - vor, wie Du Deinen Oberkörper, diesmal nur in Deinen Gedanken, abermals verdrehst. Stelle Dir vor, wie es wäre, wenn Du jetzt fünf Zentimeter weiter kommen würdest. Stelle Dir vor, wie es wäre, wenn Du Dich ganz leicht und ohne Anstrengung fünf Zentimeter weiter drehen könntest als vorher. In Deiner Phantasie ist alles möglich. Du drehst Dich ganz leicht und locker fünf Zentimeter weiter. Wenn Du dort angekommen bist und dies siehst in Deiner Vorstellung, wie Du Dich fünf Zentimeter weiter gedreht hast, dann darfst Du Dich gedanklich wieder zurückdrehen auf „Null". Deine Augen bleiben dabei immer geschlossen.

Stelle Dir nun bitte in Deiner Phantasie vor, wie Du Deinen Oberkörper ein zweites Mal verdrehst. Stelle Dir vor, wie es wäre, wenn Du jetzt schon zehn Zentimeter weiter kommen würdest. Stelle Dir vor, wie es wäre, wenn Du Dich ganz leicht und ohne Anstrengung jetzt schon zehn Zentimeter weiter drehen könntest als zu Beginn. In Deiner Phantasie ist alles möglich. In Deiner Phantasie gibt es keine Grenzen.

Du drehst Dich ganz leicht und locker zehn Zentimeter weiter. Wenn Du dort angekommen bist und dies siehst in Deiner Vorstellung, wie Du Dich zehn Zentimeter weiter gedreht hast, dann darfst Du Dich gedanklich wieder zurückdrehen auf „Null". Deine Augen bleiben weiterhin geschlossen.

Stelle Dir nun bitte vor, wie Du Deinen Oberkörper ein drittes Mal verdrehst. Stelle Dir vor, wie es wäre, wenn Du jetzt schon dreißig Zentimeter weiter kommen würdest. Stelle Dir vor, wie es wäre, wenn Du Dich ganz leicht und ohne Anstrengung jetzt schon dreißig Zentimeter weiter drehen könntest. In Deiner Phantasie ist alles möglich. In Deiner Phantasie gibt es keine Grenzen. Du drehst Dich ganz leicht und locker dreißig Zentimeter weiter als zuvor. Vielleicht kannst Du sogar schon wahrnehmen, wie sich Dein Oberkörper weicher und lockerer anfühlt. Dreißig Zentimeter weiter. Wenn Du dort angekommen bist und dies siehst in Deiner Vorstellung, wie Du Dich dreißig Zentimeter weiter gedreht hast, dann darfst Du Dich gedanklich wieder zurückdrehen auf „Null". Deine Augen bleiben weiterhin geschlossen.

Stelle Dir nun bitte ein viertes und letztes Mal vor, wie Du Deinen Oberkörper verdrehst. Stelle Dir vor, wie es wäre, wenn Du jetzt Deinen gesamten Oberkörper um 180 Grad verdrehen könntest. Stelle Dir vor, wie es wäre, wenn Du Dich ganz leicht und ohne Anstrengung so weit drehen könntest, wie Du es willst. In Deiner Phantasie ist alles möglich. In Deiner Phantasie gibt es keine Grenzen. Du drehst Dich ganz leicht und locker um 180 Grad und Du fühlst, wie weich und beweglich Dein Oberkörper jetzt bereits ist. 180 Grad - ganz leicht und locker. Und wenn Du dort angekommen bist und dies siehst in Deiner Vorstellung, dann darfst Du Dich gedanklich wieder auf „Null" zurückdrehen (Anmerkung: An dieser Stelle endet der aufzunehmende bzw. der Dir vorzulesende Text.).

Öffne bitte Deine Augen. Strecke beide Arme, diesmal wieder ganz reell, komplett aus, Daumen hoch und verdrehe Deinen Oberkörper wie zu Beginn des Experiments.

Wie weit kommst Du JETZT? Bis Du verblüfft?

Auch wenn ich Dich in diesem Augenblick nicht sehen kann, bin ich mir sicher, dass Du das erlebst, was ca. 95 % meiner Seminarteilnehmer erleben: Du kannst Dich TAT-SÄCHLICH deutlich weiter drehen als zuvor.

Was ist geschehen? Dein Körper ist derselbe Körper wie noch vor wenigen Minuten. Mit Sicherheit hast Du Dich am Anfang des Experiments wirklich richtig angestrengt und bist an Deine zu diesem Zeitpunkt absolute Grenze gegangen. Ich verrate Dir, was sich geändert hat: Es ist die Grenze in Deinem Kopf. Du hast durch Deine Imagination und mithilfe Deiner Fantasie Deine bisherige Grenze aufgelöst und verschoben. Deine vorherige Grenze war nur eine *gedachte* Grenze. Du hast die Dir bekannten Körpersignale aufgrund erlernter Erfahrungen interpretiert als Deine *absolute* Grenze. In diesem kleinen Experiment hast Du Dein Unterbewusstsein in kürzester Zeit davon überzeugt, dass Du Dich weiter drehen kannst als zuvor. Du hast Dir selbst den Glauben daran geschenkt, dass dies für Dich möglich ist.

Ich vermute, dass Du keine Idee davon hast, was Du *wirklich* alles kannst. Du hast höchstwahrscheinlich keine Vorstellung davon, wozu Du ernsthaft und tatsächlich in der Lage bist. Ich glaube, auch Du lebst, wie die allermeisten Menschen in unserer Kultur, in sehr engen gedanklichen Grenzen betreffend der Dinge, die Du für möglich bzw. für unmöglich hältst. Viele Deiner Gedanken sind wie Grenzbeamte in Deinem Gehirn: Nach dem Schlagbaum hört die Welt nicht auf, doch sie lassen Dich nicht durch.

## 5.2    Mehr Selbstvertrauen und Selbstwert – weniger Stress

Es gab eine Phase in Deinem Leben, da hattest Du zu 100 % Vertrauen zu Dir selbst. Du hast während dieser Zeit nicht im Geringsten an Dir gezweifelt. Du musstest Dich nicht anstrengen, um anderen oder Dir selbst zu gefallen oder um Ansprüchen zu genügen. Du musstest nicht kämpfen, um irgendetwas zu bekommen. Du brauchtest Dich für nichts zu rechtfertigen. Um etwas zu tun, benötigtest Du keinen vernünftigen Grund, keine Absicht und auch kein Ziel. Du hattest keine, absolut keine Angst zu versagen. Du wusstest überhaupt nicht, was „versagen" ist. Nichts war nötig, um von anderen geliebt, anerkannt und beachtet zu werden. Du hast Dir im Verlauf dieser Lebensphase keinerlei Sorgen um Deine Zukunft gemacht. Du musstest nichts tun, was Du nicht wolltest, nur, um für Deine Zukunft vorzusorgen. Es gab kein „Gestern" und auch kein „Morgen" für Dich. Es gab immer nur den augenblicklichen Moment. Du hast tatsächlich ohne Vergangenheit und ohne Zukunft gelebt.

Bevor Du weiterliest, lade ich Dich ein, Dir jetzt etwas Zeit für Dich zu nehmen. Schließe bitte Deine Augen und beschäftige Dich mit folgender Frage:

*„Wer bin ich ohne Vergangenheit und ohne Zukunft?"*

Willkommen zurück und Danke dafür, dass Du Dir die Zeit genommen hast. Wie erging es Dir mit diesem Gedanken? Ich verrate Dir, wie es mir ergangen ist, als mir diese Aufgabe das erste Mal vor einigen Jahren gestellt wurde: Ich fühlte mich damit überfordert. Ich habe es nicht hinbekommen, mir mich selbst ohne meine Vergangenheit und ohne Zukunft vorzustellen.

*„Wie soll das gehen? Meine Vergangenheit ist ein Teil von mir. Meine Vergangenheit hat mich geprägt und zu dem Menschen gemacht, der ich heute bin. Ohne meine Vergangenheit wäre ich doch gar nicht hier. Ich kann meine Vergangenheit nicht einfach ausblenden. Und ohne Zukunft? Dann wäre ja jetzt an dieser Stelle mein Leben zu Ende. Wie soll das gehen? Ich kann mir das nicht vorstellen.“* In etwa mit diesen Worten habe ich damals meinem Mentor zu verstehen gegeben, dass ich diese Frage blöd fand. Ich gebe sinngemäß wieder, was er mir daraufhin antwortete:

Mein lieber Joe, weißt Du, weshalb Dein Leben in so vielen Bereichen so anstrengend ist für Dich? Weißt Du, warum Du Deinen Alltag so oft mit Kampf und Stress verbunden erlebst? Ich sage es Dir: Es ist so, weil Du ständig in Deiner Vergangenheit und in Deiner Zukunft lebst. Alles, was Du in diesem und in jedem anderen augenblicklichen Moment erlebst und wahrnimmst, gleicht Dein Gehirn in Bruchteilen von Sekunden mit all Deinen in der Vergangenheit gemachten Erfahrungen ab. Aus diesem Abgleich mit früheren Erlebnissen entsteht dann unwillkürlich und sofort die Bewertung der aktuellen Situation. Dies geschieht automatisch und Dir völlig unbewusst. Du erlebst den jetzigen Augenblick niemals so, wie er wirklich ist, sondern immer so, wie Du ihn unbewusst interpretierst. Du erkennst also nicht absolut, was jetzt wirklich ist. Dein Gehirn erschafft Dir Deine ganz individuelle Wirklichkeit, welche dann zu Deiner Wahrheit wird.

Das ist völlig normal und auch gut so - zumindest in vielen Situationen Deines Alltags. Dieser Automatismus befähigt Dich dazu, eine bedrohliche Situation sofort und schnell wieder zu erkennen und rasch zu reagieren, wenn Du diese schon einmal erlebt hast. Du kannst blitzartig entsprechend handeln. In diesem Fall ist Deine Erfahrung, die Du einmal gemacht hast, sehr wertvoll für Dich. Leider entstehen durch diesen Mechanismus häufig auch chronische und hartnäckige Ängste und Sorgen. Wenn Du einmal von einem Hund gebissen wurdest, hast Du aufgrund dieser Erfahrung schneller Angst vor allen Hunden, die Dir begegnen, als wenn Du dieses Erlebnis nicht gehabt hättest. Es ist möglich, dass Du dann jedes Mal, wenn Du einen Hund auch nur von Weitem siehst, schlagartig zurückfällst in Deine erinnerte Vergangenheit und Du erlebst dieselbe Angst wie damals, als Du tatsächlich gebissen worden bist. Es ist dabei völlig gleichgültig, ob dieser Hund eine tatsächliche Gefahr für Dich darstellt oder gänzlich harmlos ist. Du bewertest die Situation aus Deiner Vergangenheit heraus und erkennst dadurch die Wahrheit des Moments nicht mehr. Nicht nur Angst entsteht aus Deiner Vergangenheit heraus. Auch Groll, Wut, Scham, Ekel, Neid - all das sind Gefühle, die Du oftmals deshalb fühlst, weil Du unbewusst an Deine Vergangenheit erinnert wirst. Verstehst Du diese Verbindung?

Ich nickte ihm stumm zu. Ja, ich konnte ihm folgen und ich erkannte jetzt schon einige Parallelen zu meinem täglichen Erleben. Ich musste unvermittelt an meinen ersten Instrumentallehrer denken, der mir im Alter von sechs bis zehn Jahren die anfänglichen Grundlagen auf der Gitarre beigebracht hatte. Dieser Mann strafte mich bei jedem von mir falsch gespielten Ton mit verachtender Nichtbeachtung. Er sagte kein Wort in diesen Momenten. Stattdessen drehte er mir jedes Mal den Rücken zu und schaute teilnahmslos aus dem Fenster. Ich fühlte mich dadurch armselig, lausig, miserabel, mangelhaft. Es ging mir schlecht damit, auf diese Art und Weise gezeigt zu bekommen, dass ich scheinbar nicht gut genug bin. Ich hatte als Kind keine andere Wahl, als den Glauben und die Überzeugung in mir wachsen zu lassen, so minderwertig zu sein, dass ich es nicht wert bin, dass mit mir geredet wird. Genau diese Gefühle erlebte ich während meiner aktiven Musikerzeit immer wieder. Jedes Mal, wenn mein Publikum nicht ausnahmslos mit seiner Aufmerksamkeit voll und ganz bei mir war, fühlte ich Unsicherheit in mir aufsteigen. Ich glaubte, unbewusst die Schuld daran in mir und in meinem Spiel suchen und finden zu müssen. Ich fühlte mich tatsächlich schuldig. Ich glaubte, nicht gut genug zu sein. Mein Körper reagierte entsprechend darauf mit einem beschleunigten Puls, einem flacheren Atem und mit schwitzenden Händen – Stress. Mit den Augen eines erwachsenen Menschen betrachtet erscheint diese Reaktion völlig irrational. Heute ist mir klar: Sie entsprang meiner Vergangenheit. Ich fiel in diesen Augenblicken zurück in das Kind von sechs bis zehn Jahren. Es war nicht der erwachsene Joe, dem es auf der Bühne schlecht ging – es war das Kind von früher. Es war die *Erinnerung* an die Unsicherheit und die Ablehnung, die ich damals erfuhr. Die unbewusste Erinnerung an damals wurde zu meinem Erleben der Situation im „Jetzt". Mir war absolut nicht bewusst, welche massive Wirkung diese alten Erfahrungen auf mein Leben haben.

Mein Mentor fuhr fort:

Es gab eine Zeit in Deinem Leben, da hast Du sorgen- und stressfrei gelebt – gerade **weil** Du keine Vergangenheit und **weil** Du keine Zukunft kanntest. Du hattest zu 100% Vertrauen zu Dir selbst. Du hast während dieser

Zeit nicht im Geringsten an Dir gezweifelt. Du musstest Dich nicht anstrengen, um anderen oder Dir selbst zu gefallen oder um irgendwelchen Ansprüchen zu genügen. Du musstest nicht kämpfen, um irgendetwas zu bekommen. Du brauchtest Dich für nichts zu rechtfertigen. Um etwas zu tun, benötigtest Du keinen vernünftigen Grund, keine Absicht und auch kein Ziel. Du hattest keine, absolut keine Angst zu versagen. Du wusstest überhaupt nicht, was „versagen" ist. Nichts war nötig, um von anderen geliebt, anerkannt und beachtet zu werden. Du hast Dir im Verlauf dieser Lebensphase keinerlei Sorgen um Deine Zukunft gemacht. Du musstest nichts tun, was Du nicht wolltest, nur, um für Deine Zukunft vorzusorgen. Es gab kein „Gestern" und auch kein „Morgen" für Dich. Es gab immer nur den augenblicklichen Moment. Du hast tatsächlich ohne Vergangenheit und ohne Zukunft gelebt. Diese Phase Deines Lebens, in der Du einfach Du warst, waren Deine ersten zwei bis drei Lebensjahre. Du kannst Dich bewusst nicht mehr daran erinnern. Du warst damals noch frei von Deinem Ego, welches sich erst danach entwickelt hat. Und es ist Dein Ego, welches Dich heute immer wieder verurteilt, vergleicht und bewertet. Es ist Dein Ego, welches Dir immer und immer wieder Verbitterung über bereits lang vergangene Geschehnisse beschert. Es ist Dein Ego, welches sich ständig für Dich Sorgen darüber macht, was alles in der Zukunft geschehen könnte. Dein Ego hat sich über Dich, über Dein eigentliches, ursprüngliches Ich, gestülpt wie eine Käseglocke und es lässt Dich in der Überzeugung leben, das wärst Du. Doch das bist Du nicht. Das ist nur ein Teil von Dir. Da gibt es auch noch den Teil in Dir, der vollständig vertraut, der bedingungslos liebt, der neugierig und mutig ist. Jener Teil, der weiß, dass Du vollkommen in Ordnung bist, so wie Du bist. Das alles ist noch in Dir. Du hast lediglich durch Deine Erziehung und vor lauter Betriebsamkeit vergessen, wie wunderbar, wie wertvoll und wie einzigartig Du in Wirklichkeit bist. Entdecke und integriere das alles wieder in Dein Leben und Du wirst wahrnehmen, wie das Kämpfen, die Unsicherheit und der Stress sich mehr und mehr von Dir verabschieden. Du wirst erfahren, wie eine neue Leichtigkeit bei Dir einziehen wird.

Das waren in etwa die Worte meines damaligen Mentors. Ganz ehrlich: Ich habe zu diesem Zeitpunkt nicht vollständig begriffen, was er mir da sagte. Mein Verstand fing noch nichts damit an. Ich fühlte jedoch, dass es stimmig für mich war. Tief in mir drin entstand eine Sehnsucht danach, alles das, was unter dieser imaginären Käseglocke abgedeckt schlummerte, wieder zu entdecken. Ich spürte, dass dies mein Weg sein würde, um ein Leben in Erfüllung und ohne Stress zu führen.

## 5.3    Wer bin ich ohne Vergangenheit und ohne Zukunft?

Zurück zu der Frage „Wer bin ich ohne Vergangenheit und ohne Zukunft?". Dies ist eine sehr starke Frage, die Dir dabei helfen kann, in Situationen, in denen Du bisher Stress erlebt hast, zu entspannen. Du wirst durch die Beschäftigung mit dieser Frage immer mehr über Dich und über Deine affektiven, also von Deinen Gefühlen gesteuerten, Reaktionsmuster, die Dir seither oftmals Stress bereitet haben, lernen. Je mehr Du darüber weißt, desto bewusster und wacher kannst Du in Momenten, in denen es bisher keine Entspannung für Dich gab, dafür sorgen, dass Ruhe und Gelassenheit in Dich einziehen.

Vielleicht kennst Du das: Irgendjemand sagt etwas zu Dir, was Du so nicht erwartet hast. Du wirst verbal angegriffen. Du wirst überrumpelt und überrascht von einem Verhalten eines Menschen Dir gegenüber, welches Dich aus der Fassung bringt. Du bemerkst, dass Du mit einer Handlungsweise antwortest, welche Du nicht mehr bewusst steuerst. Du bist im wahrsten Sinne der Redewendung „außer Dir".

Eine der möglichen automatisierten Reaktionen ist die Erstarrung. Du bist „vor den Kopf gestoßen" und Dir fällt überhaupt nichts ein, was Du erwidern könntest. Oder Du gehst in den Kampf und startest einen Gegenangriff. Du wirst wütend und glaubst, Dich mit Händen und Füßen verteidigen zu müssen. Die dritte Möglichkeit ist die, dass Du Dich in Dich zurückziehst. Du dissoziierst Dich von der aktuellen Situation. Du hast das Gefühl, alles liefe wie in einem Film ab und geht völlig an Dir vorbei. Erkennst Du Dich in einer dieser Reaktionen wieder? Einige Zeit später, wenn Du Dich wieder beruhigt hast, bemerkst Du, wie Du unbewusst reagiert hast und Dir fallen dann die besten Ideen ein, wie Du hättest handeln *können.* Und genau dann darfst Du Dir die Frage stellen:

*„Wer bin ich ohne Vergangenheit und ohne Zukunft?"*

Tu das in einem Moment, in dem Du ganz für Dich sein kannst.

*„Wer war das, der diese unbewusste Reaktion losgetreten hat? Welche Erinnerung wurde angestoßen? Aus welcher Erinnerung heraus habe ich reagiert? Wie hätte ich reagiert, wenn ich diese*

*alte Erfahrung nicht gemacht hätte? Hätte ich die Situation vielleicht ganz anders bewertet? Wer und wie wäre ich in dieser Situation gewesen, wenn ich ohne die Erinnerung einfach nur auf das aktuell Geschehene hätte antworten können?"*

Erforsche und sei neugierig, was in so einem Augenblick alles in Dir geschieht. Die Idee ist, immer mehr dahin zu kommen, bewusst und wach zu sein und entsprechend handeln zu können. Ich habe dadurch gelernt, nicht mehr unvermittelt und hilflos in Wut, Angst, Unsicherheit, Groll, Nervosität und Stress zu verfallen. Ich nehme immer klarer wahr, was jetzt gerade wirklich ist. Ich bewerte nicht mehr unvermeidbar aus längst vergangenen Ereignissen heraus. Vielleicht geht es Dir wie mir und es fällt Dir zu Beginn schwer, Antworten auf diese Fragestellung zu finden. Es hat eine Zeit lang gedauert und bedurfte Übung und ständiger Wiederholung, bis sich mir die volle positive Wirkung der Beschäftigung mit dieser Frage offenbarte. Diese Idee und der Gedanke dahinter sind nicht das Erste-Hilfe-Werkzeug für die schnelle Lösung in einer akuten Stresssituation. Dafür habe ich Dir im folgenden Kapitel „Zehn praktische Tipps und einfache Übungen" noch jede Menge andere, von mir selbst erfolgreich verwendete Techniken zusammengestellt und ausführlich beschrieben. Das Befassen mit der Frage *„Wer bin ich ohne Vergangenheit und ohne Zukunft?"* hilft Dir dabei, im Laufe der Zeit mehr und mehr wieder dahin zu kommen, wovon Du Dich so weit entfernt hast: Zu der tiefen Überzeugung, vollkommen in Ordnung zu sein, einfach so, wie Du bist. Durch das gefestigte Wissen darüber, dass Du wunderbar, liebevoll und richtig bist, wirst Du Dein Leben als immer leichter empfinden.

# 6

# Zehn praktische Tipps und einfache Übungen

Ich gebe Dir zehn konkrete Ideen, die Dir dabei helfen, negativen Stress bereits im Vorfeld zu vermeiden bzw. mit dem Disstress, sollte er einmal aufkommen, sinnvoll umzugehen und ihn schnellstmöglich wieder aufzulösen. Diese zehn Gedanken und Techniken sind einfach und ohne großen Aufwand für Dich in Deinen Alltag zu integrieren. Von Dir bedarf es einzig und allein der Entscheidung, dies auch wirklich zu tun und umzusetzen. Das Lesen und pure Wissen hilft noch nicht. Es gilt, ins TUN zu kommen.

Bei der Auswahl der hier vorgeschlagenen Übungen und Ideen habe ich mich auf eines verlassen: Auf meine eigenen, selbst gemachten Erfahrungen damit. Für mich funktioniert das Zusammenspiel dieser Ideen wunderbar und sehr erfolgreich. Vielleicht mag Dir der eine oder andere Vorschlag sehr banal erscheinen. Vielleicht spricht

© Springer Fachmedien Wiesbaden GmbH 2017
J. Orszulik, *Der Anti-Stress-Trainer für Musiker,*
DOI 10.1007/978-3-658-15995-5_6

Dich einer der Punkte mehr und ein anderer weniger an. Mach es einfach wie im Supermarkt: Du suchst Dir aus dem Angebotenen das heraus, was Dir gefällt. Ich lade Dich dazu ein, neugierig zu erproben und zu testen, was Dir gut tut.

Wenn Du möglicherweise an der einen oder anderen von mir beschriebenen Idee zweifelst, bist Du damit in allerbester Gesellschaft. Viele Menschen, denen ich zum allerersten Mal hiervon oder davon erzähle, stellen infrage, ob das wirklich zum Erfolg führen kann. Der größte Teil der Zweifler versucht es daraufhin nicht ein einziges Mal. Schade für sie. Ein kleiner Teil der Zweifler testet es ein oder zwei Mal. Vielleicht gelingt es dann nicht sofort – manchmal braucht es eine gewisse Übung – und sie hören wieder auf damit. „Das klappt nicht. Ich hab's doch gewusst." Schade für sie. Der kleinste Teil der Zweifler bleibt trotz aller Skepsis dran und wird lernen, mit diesen Techniken mehr Entspannung ins Leben und ins Denken zu bringen. Toll gemacht. Ich will, dass Du dran bleibst. Ich will, dass Dein Leben immer leichter und leichter wird.

## 6.1 Tägliche Meditation – meine erste Idee für Dich

Meditiere täglich. Nimm Dir Zeit für Dich und nimm Dir Zeit dafür, zur Ruhe zu kommen. Zwanzig Minuten können hierfür schon völlig ausreichend sein. Wenn Du bisher noch nicht meditiert hast, empfehle ich Dir, zum Einstieg eine geführte Meditation zu nutzen, die Dich anspricht und sich für Dich gut anfühlt. Eine geführte Meditation, die ich ursprünglich für mich selbst zum Eigengebrauch produziert habe, findest Du kostenfrei auf meiner Homepage www.joe-orszulik.de. „Zeit für Dich" nimmt Dich mit auf eine Reise durch das Innere Deines Körpers. Völlige Entspannung und inneres Loslassen innerhalb von 20 min gelingen Dir damit sehr leicht. Deine Gedanken werden ruhiger. Du schenkst Deinem Geist eine Zeit der Erholung. Suche Dir zum Meditieren einen stillen Ort, an dem Du völlig ungestört bist und wähle eine Zeit, während der Du für Dich sein kannst. Stelle Dir bitte einen Wecker mit einem sehr sanften Weckton, falls Du während der Meditation einschlafen solltest und der Tag für Dich noch nicht vorüber ist. Gesetzt den Fall, dass Du während der Meditation einschlummerst, ist das völlig in Ordnung. Vertraue der Intelligenz Deines Unterbewusstseins. Alles geschieht vollkommen richtig für Dich. Wichtig sind beim Meditieren die Regelmäßigkeit und das fortwährende Praktizieren. Du als Musiker/in kennst das: Ohne konstantes Dranbleiben und ohne die tägliche Trainingseinheit am Instrument oder an Deiner Stimme wirst Du keine Fortschritte wahrnehmen. Ich zitiere Rudolf Steiner: „Es bedarf der Mensch der innern Treue." Ich erlaube mir, frei zu interpretieren: Entscheide Dich, das Meditieren in Deinen Alltag zu integrieren und dann bleibe Deiner Entscheidung treu und setze sie ausnahmslos um. Du wirst im Laufe der Zeit immer mehr eine positive Veränderung in Dir feststellen. Mehr Gelassenheit, eine deutlichere Klarheit in Deinem Denken und eine immer größere Ausgeglichenheit werden in Dein Erleben einziehen. Das Leben ist einfach. Kompliziert wird es durch das Denken.

## 6.2   Entspanne Dein Gefühl – meine zweite Idee für Dich

Mit folgender Technik kannst Du nach etwas Übung innerhalb weniger Sekunden ein negatives Gefühl entspannen und loslassen. Diese Methode ist ein „Erste-Hilfe-Werkzeug", mit welchem Du Nervosität, Aufregung, Angst, Wut usw. dann lösen kannst, wenn diese Emotionen akut für Dich fühlbar sind. Beginnt Dein Auftritt oder Deine Prüfung in wenigen Minuten, empfehle ich Dir, Dich zurückzuziehen und einige Augenblicke absolute Ruhe für Dich alleine zu suchen. Schließe Deine Augen und atme einige Male bewusst tief ein und aus. Nimm Deinen Atem wahr. Nimm wahr, wie die Luft durch Deine Nase strömt. Fühle, wie sich Dein Brustkorb und Deine Bauchdecke mit Deiner Atmung heben und senken. Nimm die Selbstverständlichkeit Deiner Atmung wahr. Vielleicht kannst Du auch Dein Herz schlagen fühlen. Das ist ein toller und ein starker Moment: Du nimmst Dein Leben wahr. Konzentriere Dich auf Deine Atmung und auf das, was Dein Körper in Deinem Atemrhythmus macht. Dann darfst Du die nachfolgend beschriebenen fünf Schritte durchgehen:

I. Nehme das Gefühl (Aufregung, Angst, Unsicherheit usw.) bewusst wahr. Wo genau in Deinem Körper fühlst Du es? Wie „stark" ist es im Moment auf einer Skala von 1–10?

II. Stelle Dir nun die Frage: *„Kann ich das Gefühl jetzt annehmen, akzeptieren, erlauben?"* Antworte Dir selbst ganz überzeugend: *„JA! Das kann ich!"*

III. Nun frage Dich: *„Kann ich das Gefühl jetzt loslassen?"*
Stelle Dir dabei vor, wie Du einen Stein mit Deiner Hand
ganz krampfhaft festhältst. Balle Deine Hand zu einer
festen Faust, ganz so, als hieltest Du in ihr diesen Stein.
Antworte Dir dann selbst: *„JA! Ich kann das Gefühl jetzt
loslassen!"* Öffne und entspanne in diesem Moment
Deine Faust und stelle Dir vor, wie der Stein und mit ihm
Dein Gefühl zu Boden fallen. Atme dabei tief aus und
lasse auch innerlich das Gefühl los.

IV. Öffne nun bitte wieder Deine Augen und fixiere irgend-
einen Gegenstand, welcher sich so weit wie möglich weg
von Dir befindet. Achte bewusst auf den ZWISCHEN-
RAUM zwischen Dir und diesem Gegenstand. Es geht
um den Raum DAZWISCHEN, um euren Abstand vonein-
ander. Dann frage Dich: *„Kann ich jetzt etwas Gutes für
mich geschehen lassen?"* Deine Antwort lautet: *„JA! Ich
kann jetzt etwas Gutes für mich geschehen lassen."*

V. Nimm noch zwei bis drei tiefe Atemzüge und beobachte
Dein Gefühl. Wie hat es sich verändert? Wo ist es jetzt
auf der Skala von 1–10?

Du wirst erstaunt sein, was Du mit dieser Übung für Dich
erreichen kannst. Ich kann inzwischen auf diese Weise
innerhalb weniger Sekunden ein negatives Gefühl loslassen. Mit jedem Mal, wenn Du diese Technik anwendest,
wird sie besser und besser wirken und Du lernst, diesen
Prozess immer schneller für Dich zu durchlaufen. Habe
ich Zeit, nehme ich mir diese auch. Muss es einmal schnell
gehen, klappt auch das. Es gilt der alte Kalenderspruch:
Übung macht den Meister. Bleib dran.

**Kurzanleitung**
1. Nimm Dein Gefühl bewusst wahr.
2. Nimm Dein Gefühl bewusst an und akzeptiere es.
3. Lass Dein Gefühl bewusst los.
4. Erlaube Dir, dass etwas Gutes für Dich geschehen darf.

## 6.3    Erlaubnis-Sätze – meine dritte Idee für Dich

Erlaube Dir, ein fühlender, lebendiger und nicht perfekter Mensch zu sein. Du brauchst nicht länger darum kämpfen, wie eine fehlerlose Maschine zu funktionieren. Wahrscheinlich hast auch Du im Laufe Deiner Erziehung, Deines Heranwachsens, beigebracht bekommen, Fehler unbedingt zu vermeiden. Du hast gelernt, dass Fehler mit negativen Konsequenzen für Dich verbunden sind. Du hast gelernt, dass Du keine Fehler machen darfst. Hör jetzt auf, dieser Lüge weiterhin Glauben zu schenken. Der Drang zum Perfektionismus wird ganz besonders in der Musik-Ausbildung von Kindesbeinen an gefördert. Perfektionismus ist einer der größten Stressauslöser. Perfektionismus lässt Dich permanent unzufrieden mit Dir selber sein. Perfektionismus macht unglücklich und auf Dauer krank.

Meine Idee dazu für Dich: Formuliere Dir Deine ganz persönlichen *Erlaubnis-Sätze*. Du beginnst immer mit der Formulierung „Ich erlaube mir…“. „Ich erlaube mir auch Fehler zu machen.“ „Ich erlaube mir nervös zu sein.“ „Ich erlaube mir auch mal nicht der Beste zu sein.“ Finde und formuliere Deine ganz persönlichen Erlaubnis-Sätze.

Notiere sie Dir handschriftlich auf einen Zettel, falte diesen zusammen und dann ab damit unter Dein Kopfkissen. Lies Dir jeden Abend Deine Erlaubnis-Sätze vor dem Einschlafen laut vor. Lege den Zettel wieder unter Dein Kopfkissen und „Gute Nacht". Morgens nach dem Aufwachen kannst Du gerne ebenfalls Deine Erlaubnis-Sätze laut lesen, eine Überdosierung ist nicht möglich. Ebenso gibt es keinerlei negative Nebenwirkungen. Dann darf die Zeit für Dich spielen. Ich bin wie immer ehrlich: Erwarte nicht nach wenigen Tagen schon deutlich spürbare Veränderungen. Du wirst positive Veränderung wahrnehmen – nach mehreren Wochen und Monaten. Geduld und Durchhaltevermögen sind auch hier wieder einmal mehr entscheidende Schlüssel zum Erfolg.

## 6.4  Grins Dich glicklich – meine vierte Idee für Dich

Kinnst Di nich dis ilte Lied: „Dri Chinisin mit dim Kintribiß"? Sichir hist Di diesis Lied ils Kind gisingen. Mit illin Vikilin vin virn bis hintin: i, i, i, i, i. Riesin Spiß:-). Diesis Lied hit mich ils Kind immir sihr hippy gimicht. Ind nin, ich wiiß wirim. Dir Bichstibi „i" ist dir „Windirbichstibi". Biim Sprichin dis Bichstibin „i" binitzt Di diisilben Miskiln wie biim Lichin idir biim Grinsin. Ind dimit bliibt diinim Gihirn gir nichts indiris ibrig, ils zi dinkin, Di wirst glicklich. Diin Gihirn ibirschittit Dich, ib Di willst idir nicht, mit din Bitinstiffen, die Dich hippy, ilsi glicklich, michin. Tisti is silbst, is ist icht spitzi. Lies

Dir liit diesin Tixt vir ind Di wirst lichin missin. Winn ich lichin michti, sprichi ich in dir „i-Sprichi". Ind dinn: ich miss lichin:-).

Lies Dir bitte nun diese komplette vierte Idee in der „i-Sprache" noch einmal laut vor. Mach es wirklich, es macht Spaß! Du bemerkst: Dein Mund verzieht sich dabei automatisch zu einem Lächeln – es ist nicht anders möglich. Stelle Dir vor, Du fühlst Stress, Nervosität, Angst, Lampenfieber – lächle. Diese Idee ist ganz einfach und praktisch überall umzusetzen. Lächeln geht immer und überall. Getreu dem Spruch „fake it until you make it" wirst Du feststellen, dass Du Dich innerhalb kürzester Zeit, bereits 60 s können ausreichend sein, besser fühlst. Funktioniert das wirklich? JA! Der Psychologe und Wirtschafts-Nobelpreisträger Daniel Kahneman schreibt dazu in seinem Buch „Schnelles Denken, langsames Denken" (2016): *„Reziproke (wechselseitige/Anm. des Autors) Verknüpfungen sind in dem assoziativen Netzwerk weit verbreitet. So lächeln Sie im Allgemeinen, wenn Sie vergnügt sind, und wenn sie lächeln, erheitert Sie das."*

Lächeln baut Stress ab. Lächeln macht glücklich. Gerade dann, wenn Dir nicht nach Lächeln zumute ist, darfst Du daran denken, dass selbst ein unechtes Lächeln Deinem Gehirn signalisiert, dass Du glücklich bist. Dein Gehirn reagiert mit einer kleinen Zeitverzögerung darauf und schüttet Glückshormone aus. Es funktioniert tatsächlich. Eine zu bewältigende Aufgabe wirst Du als leichter und angenehmer empfinden, wenn Du dabei lächelst. Deine mimische Muskulatur meldet an Dein Gehirn einen Gesichtsausdruck, den Dein limbisches System, ein Teil Deines Gehirns, mit dem Gefühl „glücklich sein" verbunden hat. Diese Meldung Deines Körpers beeinflusst dort die Informationsverarbeitung und somit Deine daraus resultierenden Gefühle. Das limbische System ist entwicklungsgeschichtlich gesehen ein sehr alter Teil des Gehirns und unter anderem mitverantwortlich für das Lernen, für das Gedächtnis und eben auch für die Verarbeitung von Gefühlen. Wut, Aggression, sexuelles Verlangen und Angst gehören zu seinen Stärken. Ein Teil des limbischen Systems ist wiederum die Amygdala. Die Form der Amygdala erinnert stark an die Form einer Mandel, deshalb wird sie auch als Mandelkern bezeichnet. Und genau dieser Mandelkern ist zuständig für die Angst (Willmann 2016), welche dann Stress für Dich auslöst. Mit dem einfachen Trick zu lächeln und somit der Meldung Deines Gesichtes an Dein Gehirn kannst Du dieses System davon überzeugen, tatsächlich glücklich und entspannt zu sein. Ich lade Dich ein: Teste diese Idee gleich jetzt für Dich. Lächle, lies den letzten Abschnitt in der „i-Sprache" noch einmal laut und erlebe, wie sich Dein Gefühl verändert.

## 6.5 Atme Deine Angst weg – meine fünfte Idee für Dich

Atmest Du? Was für eine Frage – natürlich atmest Du. Atmen hilft beim Überleben. Du atmest solange Du am Leben bist – und dies meist UNBEWUSST. Dein Atem und Deine Atemfrequenz werden von Deinem Unterbewusstsein gesteuert, und zwar immer genau so, wie es die momentane Situation erfordert. Du atmest, in der Regel, immer im „Optimal-Modus" für Dein Überleben. Du brauchst nichts dafür zu tun, Dein Unterbewusstes übernimmt dies alles ganz automatisch für Dich. Dafür kannst Du dankbar sein, denn dies ist nicht für alle Lebewesen selbstverständlich.

Erlaube mir einen Blick ins Tierreich – zu den Delfinen. Während DU schläfst, atmest Du weiter. Dein Geist, Dein Bewusstsein, ruht – Dein Unbewusstes „atmet Dich weiter". Du überlebst Deinen eigenen Schlaf. Bei den Delfinen ist das anders: Russische Forscher haben bereits in den 70er Jahren entdeckt, dass sich bei Delfinen die beiden Hirnhälften mit dem Schlafen abwechseln. Niemals schlafen beide Hirnhälften gleichzeitig. Die Atemfrequenz reduziert der allgemeine Durchschnittsdelfin dabei auf drei bis sieben Atemzüge pro Minute. Im Wachzustand atmet so ein Flipper acht bis zwölf Mal innerhalb von 60 s. Und jetzt wird es spannend: Delfine atmen aktiv und nicht unbewusst wie Du und ich. Ein Delfin muss ans Atmen DENKEN. Verstehst Du nun, warum ich meinem Unterbewusstsein sehr dankbar dafür bin, dass ich nicht auch noch an das Atmen zu denken brauche?

Ich halte fest: Du und ich – wir atmen allermeist, die Mehrheit der Menschen sogar ihr Leben lang, UNBEWUSST. Das ist schade und ein unheimliches Verschenken von Potenzial. Durch BEWUSSTES und RICHTIGES Atmen kannst Du Dir in vielen Situationen sehr viel Gutes tun. Du kannst Dir Deine akute Angst und Deinen Stress „wegatmen". Du kannst mithilfe Deines Atems Deine Gefühle regulieren.

Das Ganze hat unter anderem etwas mit Deinem Vagusnerv zu tun. Der Vagusnerv gehört zu dem Teil Deines vegetativen Nervensystems, welches dafür da ist, Dich zur Ruhe zu bringen, Dich zu beruhigen. Weiter ist der Vagusnerv ein sehr entscheidender Nerv, wenn es um die Entstehung Deiner Gefühle geht. Und genau dieser Vagusnerv wird beim AUS-Atmen aktiviert. Dabei drosselt er übrigens auch noch Deinen Herzschlag bei jedem Ausatmen. Bei jedem EIN-Atmen steigt Deine Herzfrequenz, bei jedem AUS-Atmen sinkt Deine Herzfrequenz – das ist natürlich und völlig normal.

Ich gebe Dir eine altbewährte Atemübung, die Du überall und jederzeit durchführen kannst. Mit dieser simplen Übung kannst Du Dich ganz effektiv in einen guten und sehr positiven Zustand „atmen". Es ist die 4-6-8-Methode:

- Ich zähle beim Einatmen bis zur 4.
- Beim Luftanhalten zähle ich von 1 bis 6, ich beginne also wieder bei 1.
- Beim Ausatmen zähle ich dann von 1 bis 8.

Ein Zyklus dauert somit insgesamt 18 Zähleinheiten. Ich atme bei dieser Variation bewusst länger aus als ein. Mein Vagusnerv wird länger stimuliert, meine Herzfrequenz sinkt. Fühle Dich bitte frei beim Experimentieren mit Deinem Atem. Atme bewusst und achte darauf, wie Du dadurch Deine Gefühle aktiv beeinflussen kannst. Spiele mit Deinem Atem. Das macht Spaß und Du wirst schnell erstaunliche Ergebnisse für Dich erzielen.

## 6.6 Ein klares Ziel, Visualisierung und Affirmation – meine sechste Idee für Dich

Als Du noch ein Kleinkind warst, vielleicht gerade erst ein Jahr alt, kanntest Du noch keine Versagensängste, wie Du sie, mehr oder weniger, heute kennst. Als Kind warst Du ohnehin noch viel mutiger und neugieriger, als Du es wahrscheinlich heute bist. Deine Welt zu entdecken und auszuprobieren war für Dich selbstverständlich. Scheitern gehörte dazu. Du hast aus jedem Fehler gelernt, hast beharrlich weitergemacht und bist daran gewachsen. Dir im Voraus Sorgen und Ängste darüber zu machen, was alles schief gehen *könnte* und weshalb Du lieber etwas nicht machen *solltest,* war Dir noch voll und ganz fremd. Hättest Du über jede mögliche und unmögliche Gefahr beim Umsteigen vom Krabbeln zum Laufen auf zwei Beinen bereits im Vorfeld nachgedacht – ich glaube, Du würdest heute noch auf allen Vieren krabbeln.

Meine Tochter erinnert mich mit ihrer unbekümmerten Art immer wieder daran, am besten überhaupt nicht ans Scheitern zu denken. Letzten August, als es so wunderbar heiß und sommerlich war, bin ich mit meiner Tochter (damals noch 9 Jahre jung) zur Eisdiele gegangen. Auf dem Weg dorthin kamen wir an einem Brunnen vorbei. Auf diesem Brunnen, so meinte meine Tochter, ließe sich erstklassig herumklettern. Ich konnte gar nicht so schnell schauen, wie flott sie über die sehr schmalen Eisenstangen geklettert war, bis ganz oben hinauf. Mir hat das gut gefallen und ich lobte sie: „Wow, super, Du hast ja Mut." Und sie antwortete: „Mut? Also, ich stell' mir einfach gar nicht vor, dass ich reinfallen könnte. Ich stelle mir nur vor, wie schön es da oben ist. Ich sage zu mir selbst, dass ich das hinbekomme und dann ist es ganz leicht."

YES! In mir drin jubelte alles! Meine 9-jährige Tochter hat verstanden, wie es funktioniert. Sie hatte ein **klares Ziel:** Sie will ganz oben auf diesem Brunnen stehen. Dieses Bild hat sie sich vorgestellt, sie hat es **visualisiert** (*„Ich stelle mir nur vor, wie schön es da oben ist."*). Sie machte sich eine kleine **Affirmation** (*„Ich sage zu mir selbst, dass ich das hinbekomme..."*) und der Erfolg stellte sich ein. Das, was meine Frau und ich unseren beiden Kindern tagtäglich vorleben, kommt bei ihnen an.

So klein und alltäglich dieses Beispiel auch klingen mag – genau so geht es. Der Gedanke ans Scheitern wird Dich schwächen und Dich scheitern lassen. Der Gedanke an das Erreichen Deines Zieles wird Dich stärken und Dich Dein Ziel erreichen lassen.

Der Gedanke ans Scheitern bereitet Dir Stress. Der Gedanke an das Erreichen Deines Zieles entspannt und motiviert Dich. Er macht Dein Denken und Handeln klar.

Ein klares Ziel zu haben, dieses zu visualisieren und mit Affirmationen zu arbeiten, das kann im Laufe der Zeit eine sehr positive Veränderung für Dich bewirken. Damit diese Techniken auch in die richtige Richtung wirken, ist es wichtig für Dich, Deine Ziele und Affirmationen *richtig* zu entwickeln und zu formulieren. Dann kannst Du Dir der vollen Unterstützung Deines Unterbewusstseins sicher sein. Was ich hier als *„richtig"* ansehe und Dir im Weiteren beschreiben werde, entspringt meinen eigenen, selbst gemachten Erfahrungen und erhebt nicht den Anspruch der alleinigen Wahrheit. Fühle Dich frei, zu experimentieren und Deine eigenen Erkenntnisse zu gewinnen, falls sich meine Vorgehensweise vielleicht irgendwo nicht ganz stimmig für Dich anfühlt.

Ich habe für mich drei einfache und gut funktionierende Schritte zurechtgelegt.

### Erster Schritt: Finde und formuliere Dein vorrangiges Ziel

Du möchtest ein Ziel erreichen. Du möchtest vielleicht Dein Hobby zum Beruf machen und von der Musik gut leben können. Du möchtest vielleicht mehr Geld erhalten für Deine künstlerische und kreative Arbeit. Du möchtest vielleicht eines Tages auf einer großen Bühne stehen und einen Musikpreis gewinnen. Du möchtest vielleicht ein besonders schweres Musikstück auf Deinem Instrument erlernen. Du möchtest vielleicht eine private Musikschule gründen, um Kinder für die Musik zu begeistern. Du möchtest vielleicht die Welt bereisen als Musiker/in. Welches Ziel hast Du, welches Dein tagtägliches Tun und Handeln mit Sinn erfüllt und Dich morgens begeistert aufstehen und in den Tag starten lässt?

Am Anfang steht Dein Ziel. Um eine zu Deinem Ziel passende und wirkungsvolle Affirmation zu formulieren, darfst Du Dich im ersten Schritt mit Deinem Ziel selbst beschäftigen. Du darfst Dein Ziel entwickeln und für Dich klar und greifbar machen. Mit einem unklaren Ziel, mit „Nebel in Tüten", kann Dein Unterbewusstsein nichts anfangen. Die Formulierung „Ich möchte reich sein" ist schwammig, nicht eindeutig. Was genau bedeutet „reich sein" für Dich? Woran würdest Du merken, dass Du reich bist? Ist es eine bestimmte Summe an Geld, die Du auf Deinem Konto hast oder ist es die Tatsache, dass Du völlig frei über Deine Zeit verfügen kannst? Wann fühlst Du Dich reich? Dein Unterbewusstsein benötigt klare Anweisungen und Vorstellungen darüber, was Du möchtest. Formuliere Dein Ziel **kurz, positiv, einfach und deutlich.** Bring die Sache auf den Punkt. „Ich möchte 1.000.000— Euro auf meinem Konto haben." Das ist klar und deutlich. Dazu kannst Du Dir ein Bild machen. Du kannst den Kontoauszug mit dieser Zahl darauf in Deiner Vorstellung bereits sehen.

Prüfe nun, ob Dein Ziel das Potenzial dazu hat, Dich **wirklich glücklich** zu machen. Die Frage lautet: „Will ich das wirklich? Ist es das, was mich tatsächlich selig und im Einklang mit mir sein lässt? Finde ich darin Erfüllung?" Wenn Deine Antwort „Nein" lautet, dann denke bitte darüber nach, ob nicht ein anderes Ziel Vorrang haben darf. Gibt es vielleicht ein Ziel hinter dem Ziel? Ich meine nicht, dass Du Dir nicht alles wünschen darfst. Ich möchte Dir nur anbieten, über die Prioritäten Deiner Ziele nachzudenken. Wenn Deine Antwort „Ja" heißt, geht es weiter:

Du findest bitte Dein „Wozu", Deine **positiven Motivationen.** Wenn Dein „Wozu" groß, deutlich und stark ist, dann, und nur dann, wirst Du Ausdauer, Energie und Motivation aufrechterhalten können, bis Du Dein Ziel erreicht hast.

Was meine ich mit „positiver Motivation"? Dein Ziel darf immer als „Hin-zu-Ziel" formuliert sein. Das Gegenteil wäre ein „Weg-von-Ziel". Ich mache Dir ein Beispiel: „Ich möchte nicht mehr so häufig krank sein." Du willst hier „weg von etwas". Das ist nicht positiv formuliert. „Hin zu", und somit positiv formuliert, lautet das Ziel: „Ich bemerke, dass es mir von Tag zu Tag gesundheitlich immer besser und besser geht." Dieser Gedanke, diese Formulierung, weckt Positives in Dir. Du denkst an „gesund" und nicht an „krank".

Als Nächstes finde Deine **emotionalen Belohnungen,** die Du erwarten kannst, wenn Du Dein Ziel erreicht hast oder ihm Schritt für Schritt näher kommst. Eine Idee ist folgende: Nehme BEWUSST wahr, was Du alles lernst auf dem Weg zu Deinem Ziel. Dabei machst Du Dir auch bei nicht erwarteten Umwegen klar, dass Du GELERNT hast. Du wirst viele kleinere und größere Lernerfolge wahrnehmen – achte darauf – und dann feiere sie. Die Erfahrung, zu lernen, ist Motivation pur. Unser Gehirn belohnt „Lernen" von Beginn unseres Lebens an mit einer Dopamin-Ausschüttung. Das hat die Natur wunderbar eingerichtet. Nur so hast Du als Kind all das gelernt, was Du heute als selbstverständlich hinnimmst, wie das Laufen und das Sprechen. Bei jedem Lernfortschritt hat Dich Dein Gehirn belohnt und Du warst motiviert, weiter dran zu bleiben. Ich erlaube mir eine kleine Exkursion zu einer spannenden Frage bzw. These, die Du Dir in diesem Zusammenhang gerne stellen darfst: Vielleicht hast Du im Laufe Deines Lebens vergessen, wie „mutig lernen" funktioniert, da Du spätestens in der Schule beigebracht bekommen hast, dass das Vermeiden von Fehlern scheinbar wichtiger ist, als eben durch diese Fehler zu lernen? Durch jeden vermiedenen Fehler beraubst Du Dich einer Chance, zu lernen und zu wachsen. Die meisten Menschen tun lieber nichts, da sie Angst haben zu scheitern und Fehler zu machen. Das bedeutet jedoch Stillstand, Langeweile, Trägheit, Unzufriedenheit und führt im Laufe der Zeit zu innerer Leere. Diese Menschen hören den Ruf ihrer Seele nicht oder sie finden ungezählte Gründe, weshalb sie diesem Ruf nicht folgen können. Die Leere und die Sehnsucht, die dadurch entstehen, führen zu einem Gefühl der Sinnlosigkeit, zu Stress, Depression und Burnout.

Ich habe hier an dieser Stelle noch eine Idee für Dich, wie Du Dir in Dein Ziel einen absoluten „Motivations-Turbo" einbaust: Richte Dein Ziel darauf aus, auch anderen etwas zu **geben.** Meine Frau und ich haben unter anderem über einen Zeitraum von zehn Jahren große Kinderferien-Camps auf die Beine gestellt und angeboten. In jedem Camp schenkten wir gemeinsam mit unseren Mitarbeitern jeweils bis zu 60 Kindern ab dem Alter von drei Jahren spannende, friedliche und liebevolle Tage mit ausgiebig Bewegung, reichlich Natur und selbstredend mit viel Musik. Mit diesen Freizeiten war kein Geld zu verdienen; das war nicht unsere Absicht. Wir haben viel mehr bekommen. Wir haben etwas erhalten, was Du Dir mit Geld niemals kaufen kannst: Wir erlebten glückliche Kinder mit oftmals vor Freude glänzenden Augen und einem nicht mehr aufhörendem Grinsen im Gesicht. Das erfüllte uns mit großer Zufriedenheit und Dankbarkeit. Anderen zu helfen, andere glücklich zu machen, das macht Dich selbst glückselig. Das ist in Dir biologisch verankert. Dein Belohnungszentrum im Gehirn wird durch Dein Helfen ganz automatisch aktiviert und Du wirst durchflutet von Deinen körpereigenen Opiaten, den Endorphinen. Du erlebst ein

Glücks- und Hochgefühl. Das ist ein „Motivations-Turbo"
vom allerfeinsten. Ganz nebenbei stärkst Du dadurch auch
noch Dein Immunsystem und kannst mit Stress wiederum
besser umgehen – der Kreis schließt sich. Überlege Dir,
was Du für andere alles tun kannst, was Du **geben** kannst.
Du kannst in einem Altenheim musizieren. Du kannst
Benefizkonzerte geben für einen guten Zweck. Du kannst
sozial benachteiligten Kindern Musikunterricht schenken.
Du hast mit der Musik die Möglichkeit, der Welt Liebe zu
schenken. Mach was draus.

**Zweiter Schritt: Finde einen Weg zu Deinem Ziel**
Es ist nicht ausreichend, wenn Du ständig nur Dein Ziel
visualisierst. Tust Du dies, kann es sein, dass Dein Unterbewusstsein glaubt, das Ziel bereits erreicht zu haben.
Somit gibt es für das Unterbewusstsein keinen Grund
mehr, Dich zum aktiven Handeln zu motivieren und Dich
zu unterstützen. Du bist ja bereits angekommen, glaubt
das Unterbewusste. Klingt das vielleicht befremdlich für
Dich? Kann ich verstehen. Ich sage Dir aus meiner Erfahrung als Hypnotiseur: Dein Unterbewusstsein tickt nicht
immer logisch im Sinne Deines Verstandes.

Die Idee ist, auch den Weg zu visualisieren, den Du bis
zu Deinem Ziel zurücklegen wirst. Visualisiere Zwischen-
schritte, Zwischenerfolge und auch Zwischenbelohnun-
gen. Mach Dir immer wieder klar: Das Ziel kommt nicht
zu Dir – Du darfst Dich darauf zubewegen.

Erstelle Dir eine Liste mit möglichen Zwischenschrit-
ten und dann kreiere Dir daraus Deinen Film in Deinem
Kopf-Kino.

**Dritter Schritt: Formuliere Deine Affirmationen**
Damit Deine Affirmationen wirklich wirkungsvoll funktionieren, habe ich Dir hier die fünf wichtigsten Punkte zusammengefasst.

1. Formuliere eine Affirmation immer in der **ersten Person** und im **Präsens**. „Ich bin…", „Ich habe…" usw. Wählst Du die Zukunftsform („Ich werde…") kann es sein, dass Dein Unterbewusstsein Dich wörtlich nimmt und Dein Wunsch wird auf ewig in der Zukunft bleiben.
2. Formuliere kurz, deutlich, einfach, genau und auf den Punkt gebracht. **Ein kurzer Satz ist genug.** Lass bitte alles weg, was einen Satz kompliziert macht.
3. Formuliere **positiv**.
4. Lass durch Deine Affirmation **positive Gefühle** entstehen. „Ich geniesse…", „…wunderbar…"
5. Ein visualisierter Film wirkt immer stärker als ein Standbild. Mache eine **Aktion** daraus. Bsp.: „Ich habe einen roten Porsche." Besser wirkt: „Ich genieße die Fahrt in meinem roten Porsche. Ich fühle die Kraft der Maschine. Ich höre den Sound. Ich spüre das Lenkrad in meinen Händen. Ich rieche das Leder." Erlebst Du den Unterschied der Bilder, die dabei in Deinem Kopf entstehen? Fühlst Du den Unterschied?

Ich wiederhole mich an dieser Stelle für Dich ganz bewusst: Der Gedanke ans Scheitern bereitet Dir Stress. Der Gedanke an das Erreichen Deines Zieles entspannt und motiviert Dich. Denke vor einem Konzert *nicht* darüber nach, dass Du Dich verspielen *könntest*. Mache Dir besser einen imaginären Film darüber, wie Dein Publikum Dir stehende Ovationen schenkt und begeistert ist von Deiner Darbietung. Richte Deinen Fokus stets auf das positive, beglückende Ergebnis.

## 6.7 Positiver Fokus und Dein Dankbarkeitstagebuch – meine siebte Idee für Dich

Was glaubst Du: Wie oft lacht ein Mensch in seiner Kleinkind-Phase, das ist die Lebensphase des zweiten bis vierten Lebensjahres, durchschnittlich an einem Tag? Ich verrate es Dir: ca. 400 Mal. Wie häufig lacht der durchschnittliche Erwachsene pro Tag? Du ahnst es: Ein realistischer, verantwortungsvoller und ach so vernünftiger erwachsener Mensch lacht nur noch ca. 15 Mal am Tag und manche sogar noch weniger. Wer empfindet sein Leben wohl als glücklicher, fröhlicher und leichter? Wer erlebt weniger Stress? Oder ich frage anders: Wer *macht* sich weniger Stress? Noch besser: Wer *denkt* sich weniger Stress?

Vielleicht sind Deine eigenen Gedanken einer der größten Stressauslöser in Deinem Leben. Du denkst pro Tag ca. 60.000 Gedanken – der eine mehr, der andere weniger, es ist wieder ein Durchschnittswert. Das sind rund 40 Gedanken in einer Minute. Etwa 72 % dieser Gedanken sind sogenannte „flüchtige Gedanken". Das sind Gedanken, die meist so schnell in Deinen Kopf kommen und genauso schnell wieder verschwinden, dass Du sie gar nicht bewusst wahrnimmst. Du beschäftigst Dich nicht mit diesen flüchtigen Gedanken und bleibst nicht an ihnen hängen. Die verbleibenden 28 % beschäftigen Dich bewusst. Diese teilen sich in positive und negative Gedanken auf. Die positiven, aufbauenden, fröhlichen Gedanken machen lediglich ungefähr 3 % Deines Denkens aus. Somit verbleibt ein großer Anteil von 25 % für destruktive, negative Gedanken. Dies ist selbstverständlich eine sehr vereinfachte Betrachtung des Denkens. Bitte verstehe das nicht als eine wissenschaftliche Darstellung. Auch bei den Zahlen handelt es sich vielmehr um Annäherungen als um die absolute Wahrheit. Nimm es bitte als eine Idee, um Dich wachsam zu machen für die Qualität Deiner Gedanken, welche Du Tag für Tag denkst.

Du denkst im Großen und Ganzen immer dieselben Gedanken. Beobachte dies die nächsten Tage bei Dir. Über wie viel POSITIVES und über wie viel NEGATIVES denkst Du am Tag nach? Über wie viel POSITIVES und über wie viel NEGATIVES redest Du am Tag? Schimpfst Du fleißig über das Wetter, wie es alle anderen auch tun? Veränderst Du dadurch das Wetter? Beginnt es sich, nach Dir zu richten? Und wie ist das am Abend kurz vor dem Einschlafen? Mit welchen Gedanken und mit welchen Themen schlummerst Du ein? Was nimmst Du mit in den Schlaf? Was bewegt Dich immer und immer wieder?

All Deine Gedanken kommen nicht einfach so von irgendwoher in Deinen Kopf. Sie entspringen Deiner Vergangenheit, Deinen bisherigen Erlebnissen und Deinen gesammelten Erfahrungen, kurz gesagt Deiner gesamten bisherigen Lebensgeschichte. Weiter haben sie ihren Ursprung in dem, was Du aktuell hörst, liest und siehst. Womit beschäftigst Du Dich? Wie viele negative Nachrichten lässt Du an Dich heran über das Fernsehen, das Radio oder die Zeitungen? Was sind vorwiegend die Inhalte der Gespräche in Deiner Familie und in Deinem Freundeskreis? Wie ist es an Deinem Arbeitsplatz?

Wie viel beklagst Du Dich über dies und jenes? In wie viel Jammern, Seufzen und Klagen stimmst Du mit ein? Falls Du noch ein „Nörgler" sein solltest: Lass das bitte ab sofort bleiben. Zum einen versetzt Du Dich selbst in einen Zustand schlechter Laune, was naturgemäß mit wenig Spaß und Freude verbunden ist. Zum anderen wird durch negative Gedanken und Gefühle das Stresshormon Cortisol in Deinen Körper ausgeschüttet. Da Cortisol neben seiner positiven Eigenschaft, Deinem Körper kurzfristig energiereiche Verbindungen zur Verfügung zu stellen, auch eine dämpfende Wirkung auf Dein Immunsystem hat (Wikipedia 2017) wirst Du umso krankheitsanfälliger, je dauerhafter Du im Klagemodus verweilst. Schau Dich um und Du bemerkst: Vorwiegend negativ eingestellte Menschen sind beobachtbar häufiger krank als die eher positiv eingestellten Menschen. Optimisten sind gesünder und leben länger. Das Wort „Optimismus" kommt vom lateinischen „optimum" und bedeutet „Das Beste". Der Optimist erwartet in seinem Denken stets „Das Beste" und wird dies auch erleben.

Wie viele Deiner Gedanken haben mit Groll, mit Ärger und mit Verdruss über Deine Vergangenheit zu tun? Wie groß ist der Anteil Deiner sorgenvollen Gedanken um Deine Zukunft?

Unterbreche dieses Muster von sich ständig wiederholenden Gedanken. Meine Idee für Dich: Wenn Du mehr und mehr lernst, Gedanken zu denken, die Dir gut tun und Du zu einer immer positiveren Lebensgrundeinstellung gelangst, wirst Du bemerken, dass Du dauerhaft weniger Stress erlebst. Trainiere, Deinen Fokus zunehmend auf die schönen Dinge in dieser Welt und in Deinem Leben zu richten. Eine ebenso einfache wie auch effektive Anregung gebe ich Dir hierzu mit dem „Dankbarkeitstagebuch".

Besorge Dir ein schönes Notizbuch. Gönne Dir ein Exemplar, welches Dir wirklich gut gefällt. Was für einen Einband darf es für Dich haben? Wie hochwertig darf es verarbeitet sein? Wie toll fühlt es sich an, wenn Du es in Deinen Händen hältst? Auch das Schreibgerät, mit dem Du nachher in Dein Dankbarkeitstagebuch schreiben wirst, darf Dich mit Freude erfüllen. Sorge dafür, dass Du beides, Notizbuch und Schreibgerät, mit Vergnügen und guten Gefühlen benutzt. Du nimmst bitte an jedem Abend Dein Dankbarkeitstagebuch zur Hand und schreibst mindestens fünf Dinge hinein, für welche Du heute dankbar bist. Dies können auch Kleinigkeiten sein. Hast Du etwas Leckeres gegessen? Hattest Du ein tolles Gespräch oder eine tolle Begegnung? Bist Du dankbar dafür, dieses Buch lesen zu können? Bist Du dankbar für ein kleines Lächeln? Du findest bitte mindestens fünf Dinge, die schön für Dich waren. Bitte bemühe Dich, nach Möglichkeit nicht an jedem Abend dieselben Punkte zu notieren. Du möchtest Deinen Fokus ändern.

Ich habe diese Übung schon vielen Menschen vorgeschlagen und durfte feststellen, dass es einigen zu Beginn sehr schwer gefallen ist. Bei wenigen waren die ersten Abende sogar mit Wut, Verzweiflung und Trauer verbunden. Das eigene Erkennen darüber, nichts Positives zu erkennen, war unangenehm. Schau einfach, wie es Dir ergeht. Ich wünsche Dir, dass Du mit Leichtigkeit Deine täglichen fünf Punkte finden wirst.

Mache diese Übung direkt vor dem Einschlafen, sodass Du mit guten Gedanken in Deine Nachtruhe gehst. Du kannst auch nach dem Schreiben Deines Dankbarkeitstagebuches mit einer Meditation einschlafen. Am nächsten Morgen liest Du Dir dann direkt nach dem Aufwachen laut vor, was Du am Abend zuvor notiert hast. So startest Du mit tollen Gedanken in Deinen neuen Tag.

Bitte erwarte nicht, dass sich allein durch ein Dankbarkeitstagebuch Dein Erleben des Alltags in kürzester Zeit bereits verwandelt. Es ist wie beim Sport: Erst permanentes Training und dauerhaftes Dranbleiben führen zu Veränderung und zu Erfolg. Dein Dankbarkeitstagebuch ist dabei eine Übung unter mehreren in Deinem Trainingsplan, die Dein Leben leichter und stressbefreit machen können. Ohnehin ist Dir klar, dass es für eine Veränderung Dein AKTIVES TUN benötigt. Das ist alternativlos. Du kannst Dir Dein Leben Schritt für Schritt stressfrei MACHEN.

## 6.8    Mach DEIN Ding – meine achte Idee für Dich

Es war ein sehr hoher Berg. Ein *wirklich* sehr hoher Berg. Der Berg war gefährlich. Es war ein so hoher und so gefährlicher Berg, dass noch niemals ein Mensch diesen Berg erfolgreich bestiegen hatte. Eines Tages kam eine Gruppe junger Männer am Fuße dieses Berges an. Sie ließen verlauten, dass sie am nächsten Tage aufbrechen würden, um den Berg zu erklimmen. Den Gipfel zu erreichen, das war ihr erklärtes Ziel.

Am nächsten Morgen versammelten sich unzählige Zuschauer, um dem Ereignis beizuwohnen. Unter diesen

Neugierigen und Schaulustigen war keiner, der schon jemals selbst eine Besteigung gewagt hatte. Alle wussten, dass dies unmöglich sei – man war sich einig. Das sagte ja schließlich jeder, mit dem man darüber sprach. Sie alle glaubten tief und fest daran, Zeugen eines erneuten Scheiterns zu werden. Und so riefen sie den aufbrechenden Männern hinterher:

*„Ihr habt keine Chance."*
*„Das könnt ihr niemals schaffen."*
*„Das ist doch völlig sinnlos."*
*„Versucht es erst gar nicht."*
*„Das hat noch keiner bisher geschafft."*
*„Ihr werdet alle sterben."*

Die Männer, die allesamt bis eben noch mutig und zuversichtlich gewesen waren, den Gipfel zu erklimmen, drehten angesichts dieser negativen Zurufe alle sehr schnell wieder um. Alle – bis auf einen. Dieser EINE ließ sich offensichtlich nicht beirren. Er ignorierte alle Ermahnungen. Er hörte nicht auf die Warnungen der Menge, die ihn von seinem Vorhaben abhalten wollte. Er kletterte und kletterte einfach immer weiter. Er kletterte so lange weiter, bis er plötzlich auf dem Gipfel des Berges stand.

Die Menge jubelte ihm zu und feierte ihn, als er wieder zurück ins Tal kam. Alle wollten nun von ihm wissen, wie er denn diese großartige Leistung vollbringen konnte. Es stellte sich heraus, dass dieser Mann TAUB war[1].

---

[1]Diese Geschichte habe ich aus meiner freien Erinnerung heraus wiedergegeben. Leider ist mir nicht mehr bekannt, von wem ich die Geschichte erzählt bekam oder wo ich sie gelesen habe.

Wenn Du weißt, was Du willst, wenn Du Deine Träume und Deine Hoffnungen in Deinem Herzen wahrnimmst, dann MACH DEIN DING! Entscheide Dich dafür und dann ziehe die Sache durch. Halte Deinen Fokus auf das, was Du erreichen möchtest. Konzentriere Dich darauf und vergeude Deine Zeit nicht mit Gesprächen, in denen Du Dich rechtfertigen musst für Deine Träume. Sprich bitte nur mit Menschen über Deine Ziele, Deine Pläne und Deine Sehnsüchte, die Dich dabei unterstützen und Dich ermutigen. Lass Dich nicht von den ewig negativen Zeitgenossen zurückhalten.

Glaubst Du, ich wäre heute da, wo ich bin, wenn ich nicht MEIN DING gemacht hätte? Das hat nicht immer funktioniert und ich durfte viel lernen. Ich hatte, und habe immer noch, Unterstützer, Befürworter, Lehrer, Freunde und meine Familie, die meine Träume mittragen. Das ist die Art von Menschen, die auch Du in Dein Leben ziehen wirst, sobald Du Dich glasklar und ohne Rückfahrkarte für DEIN DING entschieden hast. Diese Menschen kommen dann von ganz alleine in Dein Leben. Und die Nörgler, die zwar über alles schimpfen, jedoch niemals selbst etwas dafür tun, ihr eigenes Leben zu verbessern, diese Nörgler darfst Du gerne hinter Dir lassen. Verlasse den Jammer-Klub und mach DEIN DING. Du ersparst Dir somit jede Menge Stress, ausgelöst durch permanente Verunsicherung seitens Dritter. Weißt Du: Ich bin nicht taub wie der Mann in der Geschichte – ich habe einfach nur gelernt, mich im richtigen Moment taub zu stellen – bewusst weg zu hören. Und dann mache ich MEIN DING.

## 6.9 Schluss mit dem ständigen Grübeln – meine neunte Idee für Dich

Wie wäre es, wenn Du eine Technik kennen würdest, mit der Du Dein ständiges Grübeln sowie beharrlich negative Gedanken, die Dich vielleicht auch in der Nacht noch vom Schlafen abhalten, ganz einfach abstellen könntest? Wie wäre es für Dich, wenn Du quälende Gedanken geradewegs ablegen könntest in etwa so wie Deinen Mantel? Wenn sich das gut für Dich anhört, dann habe ich hierzu eine simple und praktikable Idee für Dich.

Diese Idee ist *so* simpel, dass meine Kunden häufig sagen: „Das kann doch nicht so einfach funktionieren. Das gibt's doch nicht." Ich bitte sie dann, sich selber von der Wirksamkeit zu überzeugen und es zu TUN. Die Ergebnisse und die darauffolgende Verblüffung sind immer wieder erstaunlich. Die Frage nach dem „Weshalb funktioniert das?" müssen wir uns in diesem Kontext nicht stellen. Dass das Ganze wirklich gelingt, wurde inzwischen in mehreren Studien nachgewiesen und ich selbst erlebe den Erfolg an mir immer wieder. Für uns zählt in diesem Moment einzig und allein das Ergebnis: Es funktioniert und Du hast eine Möglichkeit, ganz bewusst quälendes Grübeln und Nachdenken abzuschalten, wann immer Du es willst. Mein Vorschlag für Dich ist folgender:

Wenn Du einen Stein in Deiner Hand hältst, dann kannst Du diesen Stein fallen lassen oder ihn sogar weit weg von Dir werfen. Dieser Stein ist ein *Gegenstand* und deshalb kannst Du Dich ganz einfach von ihm trennen – jederzeit und sofort. Es ist Dein freier Wille, ihn nicht mehr länger bei Dir halten zu wollen. Deine Gedanken jedoch sind *abstrakt* und nicht greifbar wie ein Gegenstand. Das macht das Loslassen oftmals so schwer bis unmöglich.

Wenn Du nun einen Gedanken zu einem Gegenstand machst, kannst Du auch diesen Gedanken einfach loslassen. Du kannst dann Deinen Gedanken genauso behandeln wie einen Stein. Du machst das, indem Du den Gedanken, der Dich belastet, auf einem Stück Papier aufschreibst. Dadurch kannst Du ihn „in die Hand nehmen". Du hast ihn greifbar gemacht für Dich. Jetzt kannst Du ihn freigeben wie einen Stein. Schmeiß ihn vielleicht einfach in Deinen Papierkorb oder verbrenne ihn. Wenn Du Deine geschäftlichen Gedanken nicht mit nach Hause nehmen willst, dann schreibe Dir diese nach Feierabend im Büro auf und schmeiß den Zettel weg. Du wirst feststellen: Es gelingt Dir tatsächlich, auf diese einfache Art und Weise Gedanken beiseite zu stellen. Du kannst einen Gedanken auch aufschreiben und den Zettel in eine Schublade legen. Am nächsten Morgen darfst Du ihn dann sehr gerne wieder rausnehmen und weiter darüber grübeln – wenn Du willst. Wichtig ist, es wirklich zu einem Ritual zu machen. Schreiben – los lassen. MACH das, nur daran zu denken hilft nicht. Wenn Du einen Stein in Deiner Hand hältst und Du denkst nur daran, wie Du ihn gerne wegschmeißen würdest, ist er immer noch in Deiner Hand. Er wird solange in Deiner Hand bleiben, bis Du ihn TATSÄCHLICH wegwirfst.

## 6.10  Pausen für die Achtsamkeit – meine zehnte Idee für Dich

Ein weiterer Schlüssel zu mehr Entspannung, zu mehr Gelassenheit und zu einem insgesamt stressfreien Leben ist die Achtsamkeit. Da der Begriff „Achtsamkeit" sehr vielfältig verwendet und verstanden wird, möchte ich Dir mit kurzen Worten beschreiben, was Achtsamkeit für mich bedeutet. Achtsamkeit besagt für mich, wach zu sein für das, was jetzt im Moment ist. Ich achte auf meine momentanen Gefühle, auf meine gegenwärtigen Gedanken und auf mein daraus resultierendes Handeln. In Momenten der Achtsamkeit ist mein Geist hellwach und klar. Manchmal habe ich den Eindruck, meinen Fokus gleichzeitig nach innen und nach außen gerichtet zu haben. Ich nehme deutlich wahr, was jetzt im Augenblick um mich herum und mit mir geschieht. Das lässt mich eine Situation klarer erkennen. Ich bemerke, was IST und was ich durch meine eigene Interpretation und Bewertung daraus MACHE. Durch dieses Verstehen kann ich bewusster und absichtsvoller agieren. Ich bin durch meine Achtsamkeit mit meinem Denken und mit meiner Aufmerksamkeit nicht in der Vergangenheit oder in der Zukunft. Ich erlebe den Moment und kann dessen Wahrheit besser erkennen.

Eine sehr schöne Möglichkeit, tagtäglich und regelmäßig Achtsamkeit zu trainieren und mir gleichzeitig kostbare Kraft- und Ruhepausen zu schenken, möchte ich gerne mit Dir teilen.

Wann immer es mir möglich ist, lasse ich mich durch einen sanften Klingelton meines Handys allstündlich daran erinnern, eine kleine Auszeit zu nehmen, um zu fühlen, wie es mir JETZT gerade geht und was jetzt gerade IST. Zu jeder vollen Stunde nehme ich mir 60 s Zeit. Ich stelle mir dann immer zwei Fragen: „Wie fühle ich mich jetzt im Moment? Wie geht es mir und was brauche ich aktuell?"

Du wirst feststellen, wenn Du diese kleine Übung immer und immer wieder machst, wie häufig Du *überall* bist – nur nicht bei Dir. Vielleicht entdeckst Du, wie viel Du ständig für andere tust und wie wenig Zeit dadurch für Dich selbst bleibt. Wie gerne machst Du das wirklich, was Du tust? Ich kenne Menschen, die immer, ständig und ausschließlich „für andere da sind", sich selbst vergessen sie darüber. Wie gesund das auf Dauer ist, überlasse ich Deiner eigenen Einschätzung.

Möglicherweise empfindest Du Zufriedenheit, Freude, Glück oder Ruhe während Deinen 60 s. Das ist fantastisch. Dann nimmst Du diese wundervollen Gefühle bewusst wahr und bist dankbar für einen solch starken Augenblick. Beschenke Dich so oft wie möglich mit reichen Momenten. Beschenke Dich mit Zeit für Dich. Innere Ruhe und Gelassenheit werden immer mehr Platz in Dir finden und zu Deinen Begleitern werden.

## Literatur

Kahnemann D (2016) Schnelles Denken, langsames Denken. Penguin, München

Wikipedia (Hrsg) (2017) Cortisol. www.wikipedia.org/wiki/Cortisol. Zugegriffen: 6. April 2017

Willmann U (2016) Stress – ein Lebensmittel. Pattloch, München

# Ideen, Anregungen und Tipps in Stichworten

Zum Ende hin möchte ich Dir noch eine zusammenfassende Auflistung meiner, zum Teil auch bereits ausführlich beschriebenen, Ideen gegen negativen Stress geben. Manche dieser Gedanken mögen vielleicht banal für Dich klingen und die eine oder andere Anregung spricht Dich womöglich überhaupt nicht an. Bitte sehe jeden einzelnen der folgenden Punkte als Anstoß, als Idee, als Vorschlag, als Erinnerung. Oftmals sind es die vielen Kleinigkeiten, welche Dir, hast Du sie erst einmal als selbstverständlich in Deinen Alltag integriert, mehr und mehr Gelassenheit und Entspannung schenken.

- Schlafe ausreichend.
- Verzichte weitgehend auf Alkohol.
- Rauchst Du noch? Jede einzelne Zigarette bedeutet Stress für Deinen Körper.

© Springer Fachmedien Wiesbaden GmbH 2017
J. Orszulik, *Der Anti-Stress-Trainer für Musiker,*
DOI 10.1007/978-3-658-15995-5

- Trinke mind. zwei bis drei Liter Wasser pro Tag.
- Bewege Dich ausreichend und treibe Sport.
- Ernähre Dich gesund.
- Meditiere täglich.
- Lächle
- Bereite Dich auf jede Probe und jeden Auftritt ausführlich vor.
- Pflege Dein Instrument.
- Erlaube Dir, nicht perfekt sein zu müssen.
- Höre auf, Dich auf demotivierende Art und Weise mit anderen zu vergleichen (erinnere Dich an „Du gestern – Du heute – Du morgen").
- Beschäftige Dich mit dem, was Du wirklich WILLST.
- Überfordere Dich nicht und nehme die Aufträge an, die Du auch bewältigen kannst.
- Umgebe Dich mit Menschen, die Dir gut tun.
- Achte auf Dein Gehör und schone dieses (Gehörschutz).
- Plane so, dass Du stets pünktlich und ohne Zeitdruck bist.
- Spare nicht am Material; gutes und sicher funktionierendes Material schont Deine Nerven.
- Prüfe immer wieder: Stimmen Dein TUN und Deine Wünsche respektive Deine Ziele überein?
- Fokussiere Dich und vermeide Verzettelung.
- Beobachte Deine Gedanken, sei wach dafür und fokussiere mehr und mehr das Positive in Deinem Leben (erinnere Dich an „Positiver Fokus und Dein Dankbarkeitstagebuch").
- Kümmere Dich gut und umfassend um Dich selbst. Geh jederzeit achtsam mit Dir um.
- Mach DEIN Ding und umgebe Dich mit Menschen, die Dich unterstützen und ermutigen.

# Epilog

Ich möchte an dieser Stelle „Danke" sagen an alle meine Freunde, Begleiter, Ausbilder, Trainer, Coaches und und und… während der letzten Jahre. Jeder Einzelne von Euch ist wichtig, wertvoll, einzigartig und mir sehr ans Herz gewachsen.

Danke an Thilo. Du bist ein wunderbarer Mensch. Du bist mein Freund und zudem ein klasse Schlagzeuger. Danke für die vielen Stunden gemeinsamen Musizierens und danke für die tatkräftige Unterstützung bei der Entstehung dieses Buches.

Mein ganz besonderes Dankgefühl gilt meiner Frau Carola. Du hast immer an mich geglaubt und Du hast zu mir gestanden. Du bist bei mir geblieben in Momenten, in denen ich selbst am liebsten vor mir weggelaufen wäre. Ich bin zutiefst dankbar dafür, dass es Dich, dass es unsere Kinder, dass es unsere Liebe gibt.

© Springer Fachmedien Wiesbaden GmbH 2017
J. Orszulik, *Der Anti-Stress-Trainer für Musiker,*
DOI 10.1007/978-3-658-15995-5

Liebe Leserin, lieber Leser, ich danke auch Dir. Ich danke Dir dafür, dass Du mir durch das komplette Buch hindurch gefolgt bist. Ich wünsche Dir von ganzem Herzen, dass Du eine ähnliche Ausgeglichenheit in Dein Leben integrieren kannst, wie ich sie durch mein ausdauerndes Training und mein stetes Lernen während den letzten Jahren erreicht habe. Ich wünsche Dir innere Ruhe und Standhaftigkeit in allen Situationen Deines zukünftigen Lebens. Ich wünsche Dir Klarheit in Deinem Fühlen und in Deinem Denken. Ich wünsche Dir viel entspannte und stressfreie Zeit mit der Musik.

Mit musikalischen Grüßen,
Dein Joe

Joe Orszulik
Der Coach für Dein BESTES Leben

# Über den Initiator der Anti-Stress-Trainer- Reihe

Peter Buchenau gilt als der Indianer in der deutschen Redner-, Berater- und Coaching-Szene. Selbst ehemaliger Top-Manager in französischen, Schweizer und US-amerikanischen Konzernen kennt er die Erfolgsfaktoren bei Führungsthemen bestens. Er versteht es, wie kaum ein anderer, auf sein Gegenüber einzugehen, zu analysieren, zu

© Springer Fachmedien Wiesbaden GmbH 2017
J. Orszulik, *Der Anti-Stress-Trainer für Musiker,*
DOI 10.1007/978-3-658-15995-5

verstehen und zu fühlen. Er liest Fährten, entdeckt Wege und Zugänge und bringt Zuhörer und Klienten auf den richtigen Weg.

Peter Buchenau ist Ihr Gefährte, er begleitet Sie bei der Umsetzung Ihres Weges, damit Sie Spuren hinterlassen – Spuren, an die man sich noch lange erinnern wird. Der mehrfach ausgezeichnete Chefsache-Ratgeber und Geradeausdenker (denn der effizienteste Weg zwischen zwei Punkten ist immer noch eine Gerade) ist ein Mann von der Praxis für die Praxis, gibt Tipps vom Profi für Profis. Heute ist er auf der einen Seite Vollblutunternehmer und Geschäftsführer, auf der anderen Seite Sparringspartner, Mentor, Autor, Kabarettist und Dozent an Hochschulen. In seinen Büchern, Coachings und Vorträgen verblüfft er die Teilnehmer mit seinen einfachen und schnell nachvollziehbaren Praxisbeispielen. Er versteht es vorbildhaft und effizient ernste und kritische Sachverhalte so unterhaltsam und kabarettistisch zu präsentieren, dass die emotionalen Highlights und Pointen zum Erlebnis werden

Stress ist laut der WHO die gefährlichste Krankheit des 21. Jahrhunderts. Stress wirkt aber von Mensch zu Mensch und somit auch von Berufsgruppe zu Berufsgruppe verschieden. Die von Peter Buchenau initiierte Anti-Stress-Trainer-Reihe beschreibt wichtige berufsgruppenspezifische Stressfaktoren und mögliche Lösungsansätze. Zu der Reihe lädt er ausschließlich Experten aus der jeweiligen Berufsgruppe als Autor ein, die sich dem Thema Stress angenommen haben. Als Zielgruppe sind hier Kleinunternehmer, Vorgesetzte und Inhaber in mittelständischen Unternehmungen sowie Führungskräfte in öffentlichen Verwaltungen und Konzernen angesprochen. Mehr zu Peter Buchenau unter www.peterbuchenau.de

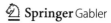

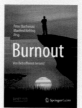

Printed in the United States
By Bookmasters